LA

# POLICE DE PARIS

EN 1770

## MÉMOIRE INÉDIT

COMPOSÉ PAR ORDRE DE G. DE SARTINE

SUR LA DEMANDE DE MARIE-THÉRÈSE

AVEC UNE INTRODUCTION ET DES NOTES

PAR

A. GAZIER

PARIS

1879

LA

# POLICE DE PARIS

EN 1770

Extrait du tome V des *Mémoires*
*de la Société de l'histoire de Paris et de l'Ile-de-France*
(Pages 1 à 131).

LA

# POLICE DE PARIS

EN 1770

## MÉMOIRE INÉDIT

COMPOSÉ PAR ORDRE DE G. DE SARTINE

SUR LA DEMANDE DE MARIE-THÉRÈSE



AVEC UNE INTRODUCTION ET DES NOTES

PAR

A. GAZIER

PARIS

1879

# LA POLICE DE PARIS

## EN 1770

## MÉMOIRE INÉDIT

### COMPOSÉ PAR ORDRE DE G. DE SARTINE

SUR LA DEMANDE DE MARIE-THÉRÈSE.

---

## INTRODUCTION.

Tout le monde est d'accord pour admirer la puissante organisation de notre Préfecture de Police et pour reconnaître les services inappréciables qu'elle ne cesse de rendre aux Parisiens. « Si chaque jour Paris « mange et boit, dit avec raison M. Maxime du Camp, s'il est voituré « à son plaisir, s'il n'est pas écrasé dans les rues, noyé dans la Seine, « asphyxié dans les salles de spectacle; s'il n'est ni trop volé ni trop « assassiné, s'il n'est pas drogué par les marchands de vin et empoi- « sonné par les marchands de comestibles; s'il est secouru en cas de « périls, si les fous ne courent pas au hasard, si les enfants abandon- « nés trouvent des nourrices, si les scandales de familles sont secrè- « tement apaisés et n'éclatent pas au soleil, c'est à la Préfecture de « police qu'on le doit. Sans bruit, sans vaine gloriole, ce travail s'ac- « complit et détermine chaque jour l'existence de deux millions « d'hommes[1]. »

Mais cette administration modèle, à qui Paris la doit-il? Quel est l'homme de génie qui a su concevoir et exécuter le plan d'une entreprise aussi merveilleuse? On en fait généralement honneur au Premier Consul, et il est vrai de dire qu'un décret consulaire du 28 pluviôse

1. Paris. Introduct., p. 27.

an VIII (17 février 1800) substitua à la commission administrative et au bureau central du régime précédent la belle institution que nous voyons fonctionner aujourd'hui. Mais il en est de cette création fameuse comme de plusieurs autres du même temps : le Premier Consul a confisqué à son profit la gloire de ses devanciers alors qu'il se bornait à reconstituer, en le modifiant légèrement, un état de choses antérieurement existant. La police de Paris avait été on ne peut plus mal faite depuis le commencement de la Révolution, et c'est très-certainement la principale cause des crimes qui ont souillé cette grande époque; la municipalité, impuissante malgré ses bonnes intentions, laissait les habitants mourir de faim et de misère; c'était en un mot une confusion inexprimable, un véritable chaos. Mais il n'en avait pas toujours été de même, car les derniers successeurs de La Reynie, les Sartine et les Lenoir, lieutenants de police sous Louis XV et sous Louis XVI, étaient parvenus, à force d'intelligence, d'activité et de dévouement, à organiser leurs différents services d'une manière admirable. C'est là un fait important pour l'histoire générale et en particulier pour l'histoire de Paris; aussi est-il nécessaire de le bien établir afin de rendre à chacun la justice qui lui est due.

Le décret de pluviôse an VIII attribuait au préfet de police tout ce qui a rapport :

1° Aux passe-ports, cartes de sûreté et permission de séjourner à Paris.
2° A la mendicité et au vagabondage.
3° A la police des prisons et de la maison de Bicêtre.
4° Aux maisons publiques.
5° Aux attroupements.
6° A la librairie, à l'imprimerie et aux théâtres.
7° A la vente de la poudre et du salpêtre.
8° Aux émigrés.
9° Aux cultes.
10° Aux ports d'armes.
11° A la recherche des déserteurs.
12° Aux fêtes publiques.
13° A la petite voirie.
14° A la liberté et à la sûreté de la voie publique.
15° A la salubrité de la ville.
16° Aux incendies, débordements et accidents de rivière.
17° A la police de la Bourse et du Change.
18° A la sûreté du commerce.
19° Aux taxes et mercuriales.
20° A la libre circulation des subsistances.
21° Aux patentes, comme police de vérification.
22° Aux marchandises prohibées.

23° A la surveillance des lieux publics.

24° Aux approvisionnements et à l'inspection des marchés de Paris, Sceaux, Poissy, La Chapelle et Saint-Denis.

25° A la préservation des monuments publics.

Sauf les paragraphes 8 et 17, et cela pour de bonnes raisons, car il y est question des émigrés et de la Bourse, les attributions de M. Dubois, en 1800, étaient de tout point celles du lieutenant de police de Sartine en 1770. Elles étaient alors distribuées sous onze titres différents, comme on le verra en lisant le mémoire que nous publions ici; c'étaient :

1° La religion (titre 9 du décret de pluviôse).

2° La discipline des mœurs (titres 2, 4, 23).

3° La santé (titre 15).

4° Les vivres (titres 20, 24).

5° La voirie (titre 13).

6° La sûreté et la tranquillité publiques (titres 1, 3, 5, 10, 11, 12, 14, 16, 25).

7° Les sciences et les arts libéraux.

8° Le commerce (6, 7, 18, 19, 21, 22).

9° Les manufactures et les arts mécaniques.

10° Les serviteurs, domestiques et manouvriers.

11° Les pauvres.

Il résulte même de cette simple comparaison que les Lieutenants de police avaient plus de travail que n'en ont aujourd'hui les Préfets, et si l'on songe qu'ils étaient en outre chargés de punir les contraventions et les délits, on constatera que la police de l'ancien régime, avec un personnel très-peu nombreux, ajoutait aux attributions du préfet de police actuel celles des juges de paix et des tribunaux de simple police et de police correctionnelle. Le seul mérite du Premier Consul, en cette circonstance, a donc été de rétablir ce que la Révolution avait eu le tort de supprimer, et d'attribuer à la justice proprement dite ce que les ordonnances royales avaient mêlé mal à propos à l'administration. C'est là, je le répète, un fait curieux et important pour l'histoire, et ce fait ressort, avec la dernière évidence, du mémoire qu'on va lire, mémoire composé de 1768 à 1771, par ordre du Lieutenant de police de Sartine et sous la direction de ce magistrat éminent.

Gabriel de Sartine (1729-1801) est célèbre entre tous les Lieutenants de police, et l'histoire vante avec raison sa prodigieuse habileté à découvrir les malfaiteurs. Rien ne lui échappait, dit-on; il trouvait immédiatement ceux qui prétendaient tromper la vigilance de ses agents, et lorsque la police de Vienne ou de Rome lui signalait quelques coquins en fuite que l'on supposait arrivés à Paris, il répondait qu'on pouvait les saisir soit à Vienne même, dans telle maison qu'il indiquait, soit en pleine mer, à quelques lieues des côtes italiennes[1]. Mais un Lieutenant ou un Préfet de police ne doit pas seulement s'appliquer à la poursuite des hommes dangereux, il doit encore et surtout prévenir les crimes, les malheurs ou les accidents innombrables qui peuvent menacer les citoyens. Il faut que les vivres arrivent en abondance sur les marchés, et que les consommateurs ne soient pas à la merci de fournisseurs cupides, capables d'affamer la population; il faut que les habitants n'aient à redouter ni le feu, ni l'eau, ni la chute des matériaux, ni le choc des voitures, etc.; il faut, en un mot, que l'administration veille sur eux nuit et jour pour les protéger ou les défendre contre eux-mêmes et contre les autres. Les Lieutenants de police de l'ancienne monarchie étaient à la hauteur de leurs obligations, et le mémoire de Sartine est une preuve irrécusable de leur intelligence et de leur dévouement.

Ce mémoire fut commencé en 1768, et voici à quelle occasion. La belle organisation de la police parisienne, à cette époque, était fort admirée des souverains étrangers, et l'on sait que Catherine II elle-même pria Sartine de lui donner quelques conseils[2]. La même demande fut adressée au gouvernement français par l'impératrice Marie-Thérèse, et comme le ministre Choiseul songeait alors à une alliance austro-française dont il espérait de grands avantages, on ne négligea rien pour satisfaire la cour d'Autriche. L'ambassadeur Mercy-Argenteau remit à Sartine une suite de seize questions relatives à la police de Paris, et l'on chargea un commissaire au Châtelet, nommé Le Maire, de répondre méthodiquement à ces questions. Voici, d'après le mémoire lui-même, l'ordre qu'avait adopté l'ambassadeur :

1° Quels sont, dans l'ordre judiciaire, les objets qui sont du ressort de la police?

2° Quels sont les juges commis pour juger les causes de la compétence de la police?

3° Quels sont les différents degrés et départements des personnes chargées de la police?

4° Quel est le nombre et quelles sont les fonctions des commissaires de quartiers?

5° Quel est le nombre et quelles sont les fonctions des inspecteurs de police?

6° Quel est le plan des instructions qui leur servent de règle dans l'exercice de leurs fonctions?

7° Différentes classes de personnes employées par les inspecteurs de police.

---

1. Cf. Peuchet, *Mémoires historiques*, passim.
2. A Londres, en 1763, on publia un ouvrage intitulé : *The police of France*.

8° De quelle manière ils se procurent des informations exactes sur la demeure, la conduite, le genre d'occupation et de gagner leur vie : — 1° des habitants permanents, — 2° des étrangers.

9° Des dénonciations, si les dénonciations volontaires sont admises. Si elles sont encouragées, comment on les encourage.

10° Qualités requises dans ces mêmes personnes (les employés de la police); leur salaire fixe ou autre en certains cas.

11° Quel est le système de la police par rapport aux charlatans?

12° Quel est le système relativement aux filles de joie?

13° Si les filles de joie sont employées à l'espionnage.

14° Quel est le système de la police relativement : 1° à la propreté des rues; — 2° à l'entretien du pavé?

15° Quelle est la manière dont les rues sont éclairées pour la sûreté pendant la nuit?

16° Quel est le système pour l'avitaillement de Paris? Police des boulangers. Quels sont les moyens de les contenir? Quels sont les moyens pour contenir les bouchers?

Au lieu de répondre en quelques mots à ces différentes questions, Le Maire eut l'heureuse idée de modifier un peu l'ordre qu'avait suivi l'ambassadeur, et après deux ans et demi de travail il put remettre un mémoire complet et méthodiquement rédigé, un véritable traité de la police parisienne, où se trouvent indiquées avec une clarté toute française les différentes parties de cette importante administration.

Le mémoire ainsi composé fut-il remis à l'ambassadeur d'Autriche? Je ne saurais l'affirmer, mais la chose est plus que probable, car on n'ignore pas que les bonnes relations de la France et de l'Autriche furent cimentées en 1770 par le mariage du dauphin avec l'archiduchesse Marie-Antoinette, et le mémoire fut achevé en janvier ou février 1771. D'ailleurs le Lieutenant de police Le Noir, successeur immédiat de Sartine, fit imprimer en 1780 un petit ouvrage intitulé : *Détail de quelques établissements de la ville de Paris, demandé par S. M. la reine de Hongrie*, et ce *Détail* est évidemment une suite au mémoire de Le Maire, car il y est simplement question des hospices, vidanges, incendies, etc., de l'école de boulangerie, du pain de pommes de terre et autres créations ou inventions récentes. Après avoir appliqué avec succès le système que lui avait si bien fait connaître Sartine, Marie-Thérèse voulait profiter pour sa capitale des perfectionnements apportés depuis dans l'organisation parisienne, et tel était l'objet du *Détail*, qui n'a point de raison d'être si le *Mémoire* ne l'a précédé.

Mais, dira-t-on, comment se fait-il que ce mémoire n'ait pas été publié, à la fin du siècle dernier, et d'où vient qu'il en est resté une copie en France? Il est aisé de répondre à la première de ces objections que la nature même du travail exécuté par Le Maire s'opposait à sa publication : les secrets de la police y sont trop bien dévoilés pour qu'il ait été possible d'imprimer cet ouvrage sans commettre à la fois une inconvenance et une imprudence. Il devait, de toute nécessité, rester manuscrit, au lieu que le *Détail* pouvait être imprimé sans inconvénient.

La seconde objection est plus sérieuse, mais il n'est pourtant pas impossible d'y répondre d'une manière assez satisfaisante. Il y a d'abord un fait incontestable : c'est l'existence d'un manuscrit petit in-folio de 277 pages, d'une grosse et belle écriture, sur beau papier de Hollande. Ce manuscrit a été relié après 1826 avec différents papiers ou cahiers de moindre importance, et il constitue le tome 181 d'un recueil de pièces réunies par l'ex-conventionnel Grégoire ou lui ayant appartenu, et presque toutes annotées de sa main. Peut-être le commissaire au Châtelet Le Maire avait-il conservé une copie de son travail, et cette copie est-elle tombée plus tard entre les mains de Grégoire. Peut-être aussi un ami commun de Sartine et de Grégoire, Louis-Adrien Le Paige, ancien avocat au Parlement et bailli du Temple[1], en avait-il obtenu un exemplaire. Quoi qu'il en soit de ces hypothèses, il est certain que le mémoire manuscrit existe, qu'il est inédit, qu'il est très-important et qu'il a été jugé tel par un des hommes de France les plus compétents en pareille matière, par un des derniers successeurs de Sartine. Toutes ces raisons ne suffisent-elles pas à justifier la publication d'un mémoire qui montrera aux Parisiens comment vivaient leurs aïeux, et quelle était, il y a cent ans, l'organisation de notre police municipale ?

A. GAZIER.

1. Sur ce personnage, voyez, au tome II des *Mémoires de la Société de l'histoire de Paris*, le curieux travail que M. Jules Lair a consacré à l'histoire de la seigneurie de Bures dont Le Paige fut le dernier possesseur. (*Note de la Rédaction.*)

# MÉMOIRE

SUR

# L'ADMINISTRATION DE LA POLICE EN FRANCE.

*Contenant les éclaircissements demandés à ce sujet par M. l'Ambassadeur de Vienne, de la part de LL. MM. impériales et royales à M. de Sartine, Conseiller d'État, Lieutenant-général de police de la ville de Paris.*

---

## OBSERVATIONS PRÉLIMINAIRES.

Les articles contenant les questions auxquelles on a eu à répondre dans ce mémoire ne concernent pas seulement quelques faits particuliers de la Police, ils en embrassent généralement toutes les parties et tous les objets.

Les éclaircissements qu'il s'agissait de donner doivent donc renfermer une idée générale de la Police et de son administration, des principales règles qui établissent l'ordre, des points de vue qui sont entrés dans leur établissement et de ceux qui dirigent la manutention[1]; en un mot ces éclaircissements doivent comprendre dans un même tableau tout ce qui appartient le plus essentiellement aux lois, au gouvernement et à l'exercice de la Police.

Il s'agissait surtout de présenter les procédés de la Police tels qu'ils sont en usage à Paris d'une manière assez claire pour être facilement saisis par les personnes qui sont le moins à portée de les connaître.

Cette partie très-considérable et très-importante de la manutention, n'ayant été traitée dans aucun ouvrage[2], demandait la

---

1. Gestion, direction, administration. — « J'ai laissé à un homme sûr la *manutention* de mes affaires » (Dictionn. de l'Acad.).

2. C'est là ce qui donne tant de valeur au mémoire : son auteur connaissait le *Traité de la Police* du commissaire de la Mare et tous les ouvrages classiques sur la matière; aucun d'eux ne traite la question au point de vue historique et pratique.

plus grande attention et un grand choix dans les détails, pour ne pas surcharger ce mémoire d'une immensité de petites opérations qui résultent de la seule intelligence des moyens dont elles dépendent, moyens que l'on y a soigneusement recueillis.

Mais pour pouvoir se déterminer plus sûrement sur ce choix essentiel, et parvenir à présenter dans un espace assez borné cette grande machine toute montée, agissant et produisant tous ses effets, il a fallu tout rassembler, tout voir, tout examiner, tout méditer. Il a fallu ranger tous les faits de la Police dans leur ordre propre, les combiner dans les différents rapports qui existent entre eux, et d'où procède l'action générale.

Quelque empressement qu'ait apporté le commissaire Le Maire, pour satisfaire M. l'ambassadeur, il lui a été impossible d'employer moins de deux ans et demi au travail que M. de Sartine lui a fait l'honneur de lui confier au mois d'août 1768, et qui ne vient que d'être fini, quoique depuis ce temps il n'ait pas cessé de s'en occuper un seul jour. Il s'estimerait trop heureux encore s'il avait pu en remplir l'objet d'une manière qui fût agréable à S. Exc.

La police *en général* peut se diviser en deux branches, savoir en *police judiciaire* et en *police d'inspection*.

D'après cette distinction, que l'on a cru devoir établir pour jeter plus de lumière sur les objets, le présent mémoire sera également divisé en deux parties. On donnera dans la première une idée de la *Police judiciaire;* la seconde comprendra tout ce qu'il doit présenter par rapport à l'*inspection*, aux soins et à la manutention qu'elle renferme, et qui constituent l'administration proprement dite.

Comme il s'agit principalement de satisfaire aux différentes questions proposées par écrit par S. Exc., les mêmes questions serviront de titre aux articles par lesquels on doit y répondre, et qui seront distribuées dans l'ordre qui conviendra aux matières.

## IDÉE GÉNÉRALE DE LA POLICE.

« Il y a, dit un auteur célèbre[1], des criminels que le magistrat « punit, il y en a d'autres qu'il corrige. Les premiers sont soumis « à la puissance de la loi, les autres à son autorité; ceux-là sont

1. Montesquieu : Esprit des lois, XXVI, 24.

« retranchés de la société. Dans l'exercice de la police, continue « le même auteur, c'est plutôt le magistrat qui punit que la loi; « dans les jugements des crimes, c'est plutôt la loi qui punit que « le magistrat. Les matières de police sont des choses de chaque « instant et où il s'agit ordinairement de peu[1]. Il ne faut donc « guère[2] de formalités; les actions de la police sont promptes, et « elle s'exerce sur des choses qui reviennent tous les jours; les « grandes punitions n'y sont donc pas propres. Elle s'occupe per« pétuellement de détails; les grands exemples ne sont donc pas « faits pour elle. Elle a plutôt des réglements que des lois; les « gens qui relèvent d'elle sont sans cesse sous les yeux du magis« trat; c'est donc la faute du magistrat s'ils tombent dans des « excès. Ainsi il ne faut pas confondre les grandes violations des « lois avec la violation de la police[3]; ces choses sont d'un ordre « différent. »

Il n'est pas possible de présenter une idée plus précise de la police, de ses lois, ni de poser des principes plus certains sur son administration.

PREMIÈRE PARTIE.

## POLICE JUDICIAIRE.

La police judiciaire[4] consiste dans la manutention des ordonnances et réglements qui concernent la police générale, et a pour objet le maintien des règles qu'ils établissent, l'application des peines qu'ils prononcent en cas de contravention, l'observation des formes prescrites dans la procédure et les jugements.

Les lois de la police rassemblent toutes les règles qui la concernent. Elles sont toutes pénales, mais les peines qu'elles prononcent ne sont que de simples corrections, et beaucoup plus en

1. Le texte porte : *où il ne s'agit ordinairement que de peu.*
2. *Il n'y faut.*
3. Le texte porte : *De la simple police.*
4. La police judiciaire n'existe plus : les commissaires de police et leurs agents peuvent saisir les délinquants et leur infliger une détention de quelques heures dans les postes de police, mais ils ne sauraient imposer la moindre peine, pécuniaire ou autre; ils défèrent aux tribunaux compétents.

général des amendes pécuniaires. Ces peines pécuniaires et ces corrections n'impriment sur ceux qui les subissent aucune note flétrissante.

L'extinction des abus nuisibles et le soin d'accroître autant qu'il est possible le bien être public étant ce qu'il y a de plus recommandable dans la police, et les anciennes ordonnances n'étant pas toujours suffisantes, le magistrat y pourvoit par des réglements qu'il fait de son propre mouvement et de son autorité, dans lesquels il prescrit ce qu'il juge convenable, et détermine, suivant l'esprit des ordonnances générales et suivant les cas, les peines qu'encourront ceux qui ne se conformeront pas à ce qu'il ordonne, et ces réglements, après qu'ils ont été publiés et rendus notoires dans les formes requises, font corps avec la loi dont ils sont censés être l'interprétation, et sont obligatoires et exécutoires comme elle à l'égard de ceux qui les doivent observer; ils deviennent les bases des jugements qui se rendent ensuite dans toutes les circonstances où leurs dispositions peuvent être appliquées.

Les anciens usages doivent être difficilement changés, à moins qu'on ne soit assuré d'un succès qui surpasse toutes sortes d'inconvénients. En effet les réglements auxquels le peuple est habitué souffrent moins de difficulté dans leur exécution. Au surplus la briéveté, la clarté et la précision de ces sortes de réglements, et la simplicité des choses qu'ils ordonnent en font le principal mérite.

En général les ordonnances et les réglements doivent être renouvelés; ils s'effacent de la mémoire par un trop grand laps de temps. Cette précaution est surtout nécessaire dans les grandes villes, où les mutations parmi les habitants sont toujours considérables. D'ailleurs tout ce qui regarde le bon ordre et l'utilité publique ne peut être trop connu de ceux qui doivent l'observer et de ceux qui participent à l'avantage général qui en résulte; et il est certain que plus une loi a de publicité plus il est facile de la faire exécuter exactement. Enfin le soin de la réitérer annonce d'autant plus l'attention apportée à la maintenir, et semble prescrire davantage la nécessité de s'y conformer.

Les réglements qui ont une exécution momentanée ou sujette à des cessations et à des retours, quoique dans des temps prochains et toujours les mêmes, sont plus que tous les autres dans le cas d'être renouvelés et publiés chaque fois, ne dussent-ils avoir lieu que pendant un jour, ou pour une cérémonie d'un instant ou d'un usage très-ancien; ils deviennent des avertissements nécessaires pour tous ceux qui doivent y satisfaire. Personne alors ne peut s'excuser de n'y avoir point obéi par ignorance ou par oubli, et il en résulte cet ensemble essentiel et cet ordre dans l'exécution qu'il n'est pas possible d'obtenir par d'autres moyens.

La Police ayant donc des règles fixes, établies par des lois publiques, c'est d'après ces mêmes règles qui peuvent être enfreintes de beaucoup de manières différentes, que le magistrat juge des contraventions qui y ont été commises. Placé entre la loi et les contrevenants qui sont traduits à son tribunal, sa fonction à cet égard est d'examiner en quoi leurs contraventions consistent, d'entendre ce qu'ils ont à proposer pour leur défense, et de prononcer la peine suivant le degré des prévarications ou des fautes qu'il a à punir. Il est très-rare, quant aux peines pécuniaires, qui sont presque les seules qui aient lieu en matière de simple police, qu'il les prononce dans toute la rigueur de la loi, dont, dans quelque cas que ce soit, il ne peut d'ailleurs excéder la sévérité. L'inobservation passagère de la règle dans les choses de peu de conséquence, qui sont celles qui reviennent le plus fréquemment, pouvant provenir plutôt d'un empêchement quelconque, d'une préoccupation, d'une distraction du moment et de plusieurs autres causes accidentelles et excusables que du mépris de la loi, qui ne se présume point, et ne peut être regardé comme certain que par les récidives multipliées ou par d'autres circonstances qui le caractérisent manifestement, il serait trop rigoureux de punir ces fautes légères comme des désobéissances formelles, le seul cas dans lequel la peine portée par la loi doive être infligée dans toute son étendue. Le magistrat modère donc toujours infiniment ces peines dans l'application, et suivant et à proportion qu'il est plus facile de tomber dans les mêmes fautes. Ainsi ces mêmes peines sont beaucoup plus une espèce de préservatif, un avertissement contre la récidive, qu'un acte de sévérité.

Les formalités de la police judiciaire, quoique très-simples, n'annoncent pas moins l'exactitude et l'attention avec laquelle la justice est observée à son tribunal. Toute contravention doit être constante. Rien ne blesse tant l'ordre public et la loi qu'une sentence injuste, ou ce qui est la même chose, une condamnation portée au hasard. Pour éviter cet inconvénient très-considérable, il faut pour asseoir un jugement en matière de police que la contravention soit constatée par un acte juridique appelé procès-verbal, dressé sur le lieu de la contravention, soit par le magistrat, soit par l'un des officiers de son tribunal qui ont un caractère suffisant pour le représenter. Dans le cas d'une simple dénonciation, lorsque celui à qui la contravention est imputée dénie le fait, le magistrat doit, avant que de prononcer aucune peine, ordonner une enquête juridique pour en établir la preuve.

Les officiers qui peuvent suppléer le juge dans la fonction de constater les contraventions sont, dans les justices royales, les procureurs du roi ou les commissaires qui y sont établis pour l'exercice de la police, et dans les justices subalternes, c'est-à-dire celles des seigneurs particuliers, les procureurs fiscaux, lesquels remplissent dans ces justices inférieures les mêmes fonctions que les procureurs du roi dans les justices royales. Il n'y a qu'un procureur du roi ou fiscal dans chaque juridiction.

Le ministère des procureurs du roi consiste principalement à veiller à l'exécution des lois, à déférer à la justice les crimes et les prévarications qui parviennent à leur connaissance, à demander et à poursuivre la condamnation des coupables, ce qui les fait nommer *parties publiques*. L'objet, l'étendue et l'importance de leur ministère les met au rang des premiers magistrats. Il n'y a qu'eux qui aient le droit de conclure contre ceux qui ont violé la loi aux peines qu'ils ont encourues, comme il n'y a que le juge à qui il appartienne d'en prononcer la condamnation.

Ce n'est pas encore assez que l'existence des contraventions soit à l'abri de toute contradiction par la foi due au juge ou à l'officier qui l'atteste; il faut que les contrevenants puissent être entendus sur ce qu'ils ont à proposer en leur faveur. Ils sont ajournés à cet effet devant le juge pour assister au rapport qui en est fait à son tribunal, et répondre sur le fait de leur contravention. Ces ajournements ou assignations sont donnés à la requête du procureur du roi ou fiscal, qui est présent au rapport et sur les conclusions duquel se rendent les jugements.

Le magistrat rend cependant quelquefois des jugements sans réquisition ni intervention de la partie publique, mais ce n'est que dans des cas très-instants où il pourrait résulter du moindre délai un préjudice considérable. Ces jugements d'office ne sont que provisoires et ne contiennent rien de définitif. Lorsqu'il y a lieu d'aller en avant sur ces sortes d'affaires pour parvenir à un second jugement que le magistrat renvoie toujours à son tribunal ordinaire, c'est à la partie publique à faire toutes les procédures et les diligences nécessaires pour mettre le magistrat en état de porter sa dernière sentence.

## I.

### QUELS SONT DANS L'ORDRE JUDICIAIRE LES OBJETS QUI SONT DU RESSORT DE LA POLICE? — QUESTION PREMIÈRE.

Tous les objets qui intéressent la Police étant, comme on l'a déjà remarqué, compris dans les ordonnances et les réglements qui la concernent, et les juges établis pour la connaître ne pouvant dans l'exécution s'écarter des formes, il s'en suit qu'il n'y a aucun de ces objets qui ne soit renfermé dans l'ordre judiciaire.

Ils sont distribués et se distinguent sous onze titres différents qui sont: 1° la religion; 2° la discipline des mœurs; 3° la santé; 4° les vivres; 5° la voirie; 6° la sûreté et la tranquillité publiques; 7° les sciences et les arts libéraux; 8° le commerce; 9° les manufactures et les arts mécaniques; 10° les serviteurs, domestiques et manouvriers; 11° les pauvres.

On croit qu'il suffira, pour faire connaître les objets dont il s'agit, ou au moins pour en donner une idée générale, d'en indiquer quelques uns des plus ordinaires en les présentant sous les titres auxquels ils appartiennent.

#### § 1. — *La religion.*

Ce qui concerne la religion se réduit à sept points principaux :

1° Faire rendre aux lieux saints le respect qui leur est dû.

2° Maintenir l'observation des dimanches et des fêtes en empêchant l'exercice des professions, les travaux et les occupations auxquels il est défendu de vaquer publiquement dans ces jours consacrés au culte de la religion.

3° Faire observer l'abstinence des viandes pendant le carême, en ce qui concerne les défenses d'en faire le commerce, et de l'usage du gras dans les auberges, chez les traiteurs et autres qui donnent à manger.

4° L'ordre et la décence qui doivent être conservés dans les processions, en prévenant autant qu'il est possible tout ce qui pourrait déranger ou troubler la pompe de ces cérémonies.

5° Empêcher les abus qui se peuvent commettre sous le titre de pélerinages.

6° Prendre les mêmes précautions à l'égard des confréries et empêcher qu'il ne s'en établisse sans la permission expresse du souverain.

7° Empêcher la composition, l'impression et le débit des libelles et écrits scandaleux contre la religion.

### § 2. — *Discipline des mœurs.*

Ce titre comprend l'exécution des lois sur le luxe, la punition des excès et des désordres causés par l'ivrognerie, la défense de fréquenter les cabarets, et aux cabaretiers de recevoir personne et de donner à boire chez eux à des heures indues, la décence qui doit être observée dans les bains publics et dans les spectacles, la prohibition des jeux de hasard, des académies de jeu et des loteries non autorisées; la débauche, la prostitution, la licence et le scandale des femmes prostituées, les jurements et blasphèmes, l'astrologie judiciaire, les sorciers et autres imposteurs de la même espèce, les vagabonds et gens sans aveu; enfin sous ce titre est renfermé tout ce qui peut blesser l'honnêteté, la décence, et tendre à la corruption des mœurs publiques et particulières.

### § 3. — *La santé.*

Il y a des règles établies pour la conservation de ce bien, le plus précieux dont les hommes puissent jouir, et pour prévenir tout ce qui peut y porter préjudice. Les principaux objets réunis sous ce titre sont les devoirs prescrits aux nourrices mercenaires pour la santé des enfants qui leur sont confiés; ce qui doit être généralement observé pour entretenir la salubrité de l'air, empêcher sa corruption, pour conserver la pureté des eaux des rivières, des fontaines et des puits; ce qui est prescrit sur le commerce des vivres, afin qu'il n'en soit débité ni consommé que de bonne qualité; la capacité des médecins, chirurgiens, apothicaires; la défense aux charlatans et autres personnes non approuvées d'exercer ces professions, de composer, débiter ni administrer aucuns remèdes; en un mot de se mêler en aucune manière du traitement des maladies; enfin tout ce qu'il est nécessaire de faire observer et exécuter pour arrêter et faire cesser les maladies épidémiques et populaires, et prévenir la contagion.

### § 4. — *Les vivres.*

Ce titre a pour objet général l'approvisionnement général des villes, il renferme le commerce des vivres de toute espèce qui servent à leur consommation, la police des marchés publics où les denrées de première nécessité doivent être amenées et vendues; la discipline générale et particulière à laquelle sont assujettis tous ceux qui participent à ce commerce ou qui sont employés à son service, à l'observation de laquelle les magistrats et officiers de police veillent incessamment; la recherche des monopoles et des abus qui peuvent s'y commettre, les moyens de prévenir les disettes, d'entretenir ou de ramener l'abondance; la taxe du prix des denrées les plus nécessaires, la punition de toutes les manœuvres et infidélités qui peuvent être pratiquées dans cette partie.

Le commerce général des vivres renferme quatre objets généraux, savoir : les grains, les viandes, le poisson et les différentes boissons. Il y a cependant un cinquième objet qui n'est pas moins intéressant pour les grandes villes, et dont le peuple reçoit beaucoup de soulagement; il comprend le beurre, le lait, le fromage, les grains, les fruits et autres menues denrées.

Les réglements pour l'approvisionnement de Paris contiennent les plus grands détails, et ne laissent rien à désirer sur tous ces objets. Ils prescrivent tout ce que doivent observer les laboureurs, marchands de grains, meuniers, boulangers, nourrisseurs, conducteurs de bestiaux, bouchers, marchands de volailles, gibier, les marchands de poisson de mer, ceux de poisson d'eau douce, les marchands de vin et autres liqueurs, les gens de la campagne qui cultivent et amènent dans la capitale les fruits, légumes et autres menues denrées. Ils distinguent les marchands en gros et en détail, les regrattiers ou marchands de la troisième main qui ne vendent que ce qu'il y a de plus inférieur et à plus bas prix dans les mêmes denrées, pour le peuple.

### § 5. — *La voirie.*

Elle embrasse tout ce qui concerne la solidité et la sûreté des bâtiments, les alignements, les périls imminents, ce qu'il est nécessaire de statuer et de faire à l'égard des propriétaires des édifices qui par leur état de vétusté sont en danger de chute, en tout ou en partie, pour les obliger de prévenir les accidents; les incendies, par rapport aux soins et aux précautions que doivent prendre les particuliers pour les éviter, les secours que l'on doit donner dans ces circonstances, singulièrement ceux que doivent y apporter les maîtres charpentiers, couvreurs et autres ouvriers, au premier ordre qu'ils en reçoivent des magistrats, commissaires et autres officiers qui président à l'extinction du feu.

Les embarras de toute espèce dans les rues, où l'on ne doit rien établir ni laisser pendant le jour ou la nuit qui puisse en empêcher ou gêner le passage, si ce n'est en cas de nécessité et en vertu d'une permission expresse.

Le nettoiement des rues, places publiques, marchés, égouts; l'épuisement des eaux dans les maisons et caves lors des inondations; les devoirs et les soins que les habitants et les entrepreneurs du nettoiement ont à remplir pour entretenir la propreté de la voie publique; les défenses générales de salir les rues, d'y établir, déposer ni amasser les immondices et ordures; d'en jeter par les fenêtres; aux vidangeurs d'y répandre ni laisser couler leurs vidanges, et de ne curer les fosses que pendant la nuit, et de nettoyer exactement chaque jour leurs ateliers; aux bouchers de laisser échapper de leurs tueries le sang des animaux qu'ils abattent.

On peut ajouter encore ce qui regarde les carrosses de place, charrettes et autres voitures établies pour l'usage, l'utilité et la commodité du public dans les villes; les obligations des entrepreneurs, la discipline des cochers, voituriers qui les conduisent; la sûreté et la garantie des effets qui leur sont confiés.

### § 6. — *Sûreté et tranquillité publiques.*

On entend sous ce titre tout ce qui concerne les cas fortuits, les précautions nécessaires pour éviter les accidents qui peuvent arriver par la négligence, l'inattention ou l'imprudence des particuliers, les violences, homicides, vols, larcins et autres crimes, les assemblées illicites et tumultueuses, les discours et écrits diffamatoires et séditieux, l'exécution des réglements sur le port d'armes, la discipline de ceux qui tiennent des auberges, hôtels et chambres garnies, des marchands et artisans dont l'état est d'acheter et de revendre de vieux effets.

Il est défendu d'allumer des feux dans les rues, de tirer des armes à feu, boîtes, pétards, fusées et autres artifices, de tirer de l'arc, de jouer au mail[1], aux quilles et à tous autres jeux qui peuvent causer des accidents, et même incommoder les passants, exciter des querelles et des voies de fait; de rien mettre sur les fenêtres ou en saillie et élévation sur le devant des maisons qui puisse tomber; aux voituriers de faire trotter ou courir leurs chevaux dans les rues où ils doivent les conduire à pied; aux maçons, couvreurs et charpentiers de faire aucune démolition sans prendre des précautions suffisantes pour que personne ne soit exposé à être blessé par la chute de ces démolitions. Il est pareillement défendu de laisser vaguer dans les rues des animaux dangereux; aux gens à marteau de travailler la nuit, et à toutes autres personnes de troubler le sommeil des citoyens de quelque manière que ce soit.

Les particuliers sont obligés de veiller à la sûreté de leurs maisons pendant la nuit, en les tenant exactement fermées aux heures prescrites, afin que les gens malintentionnés qui sont poursuivis pour [les] délits qu'ils viennent de commettre ne puissent pas s'y introduire et s'y cacher.

Il est très-sévèrement défendu d'exciter des rumeurs publiques tendantes à former des émotions populaires, de porter sur soi dans les villes des pistolets, bayonnettes, bâtons armés et autres armes dangereuses; de fabriquer et de vendre des armes prohibées; et par rapport à celles qui sont permises, il est enjoint à ceux qui les fabriquent de se conformer aux mesures et dimensions qui leur sont prescrites par les ordonnances et réglements de police.

Il est défendu pareillement aux soldats de rôder la nuit après la retraite battue.

Les moyens qui sont employés à Paris pour prévenir les vols et autres crimes fourniront un article séparé dans la seconde partie de ce mémoire où l'on trouvera d'autres détails propres à faire connaître plus particulièrement les dispositions des réglements à ce sujet.

### § 7. — *Sciences et arts libéraux.*

Cet article concerne les devoirs des personnes qui exercent des

1. Le jeu de mail, qui consiste à chasser une boule devant soi à l'aide d'un maillet, est encore très-commun dans le Midi. On le joue sur les routes, et les joueurs font parfois plusieurs kilomètres.

articles[1] et les arts libéraux, et principalement les sciences et les arts qui ont pour objet l'utilité publique.

Les professeurs des Universités sont obligés d'exécuter les statuts de leurs établissements et de vaquer exactement aux leçons qu'ils doivent donner; d'observer que ces leçons et les thèses des répondants ne contiennent rien qui puisse blesser la religion, le gouvernement, les lois et les bonnes mœurs; de veiller à la conduite des écoliers, et à ce qu'il ne se commette aucun désordre entre eux et de leur part dans les colléges.

Les médecins qui viennent s'établir dans les villes doivent exhiber au magistrat de police leurs lettres de doctorat et prêter serment devant lui d'exercer leur profession avec fidélité.

Il en est de même des chirurgiens qui ne peuvent pratiquer leur art qu'après avoir justifié qu'ils ont été reçus en cette qualité dans un de leurs colléges, et qu'ils ont été reconnus avoir une capacité suffisante. Ils ne peuvent refuser leur ministère et leurs secours à qui que ce soit, ni le jour ni la nuit, particulièrement à l'égard des blessés qui ont besoin de pansement; ils doivent donner avis au magistrat des blessures qui ont été faites avec des armes. Ils doivent l'instruire également des morts subites et suspectes, surtout de celles qui arrivent à la suite des blessures et de mauvais traitements, ce qui a pour objet la punition des crimes.

Ils ne peuvent non plus faire chez eux des démonstrations sur des cadavres sans la permission du magistrat de police, et ils sont assujettis à certaines règles relativement à la qualité des cadavres et au temps après lequel, depuis la mort, ils peuvent en faire l'ouverture.

Les apothicaires et autres personnes qui peuvent exercer la pharmacie doivent avoir été reçus du corps de ceux à qui il est permis de la pratiquer. Ils ne doivent être admis à cet art, qui intéresse si fortement la santé et la conservation des hommes, qu'après des examens et des épreuves qui puissent constater suffisamment leur capacité.

Il est expressément défendu à tous autres de se mêler de la composition des remèdes et de leur débit, et il est des drogues que les apothicaires ne doivent délivrer à des gens inconnus qu'en conséquence d'une ordonnance signée d'un médecin ou

1. Faute évidente du ms.

d'un chirurgien; et lorsqu'ils reconnaissent ou soupçonnent quelque erreur dans l'ordonnance sur la qualité ou la dose, ils doivent faire les vérifications nécessaires pour s'assurer que cette ordonnance a été donnée en connaissance de cause.

Il leur est surtout défendu de vendre de l'arsenic et d'autres drogues qui peuvent servir de poison, qu'à des personnes qu'ils connaissent, desquelles ils sont tenus d'inscrire les noms, demeures et qualités sur un registre qu'ils doivent avoir à cet effet.

Enfin ils sont responsables de toutes les fautes, impérities et négligences qui peuvent leur être imputées personnellement.

Il se fait à Paris, par des médecins nommés par la Faculté, des visites chez les apothicaires pour goûter les drogues et faire jeter celles qu'ils reconnaissent avoir contracté une mauvaise qualité.

A l'égard du débit de quelques remèdes simples par des gens qui n'ont aucune qualité qui les y autorise, ce débit ne peut se faire qu'en vertu de la permission du magistrat de police, après l'examen fait de ces remèdes par des gens de l'art, et après une approbation des médecins. On répondra dans la seconde partie de ce mémoire, à l'article des charlatans, sur ce qui s'observe à ce sujet à Paris.

La discipline des imprimeurs et libraires répond à l'importance de l'objet de leur profession.

Il ne peut être imprimé ni débité aucun livre, aucun ouvrage sur quelque matière que ce soit, sans un privilége particulier pour chacun, accordé par le souverain, directement enregistré au Parlement. Ces priviléges ne s'obtiennent qu'après que les ouvrages ont été examinés et approuvés par des censeurs choisis à cet effet, qui vérifient s'ils ne contiennent rien de contraire à la religion, aux lois, aux saines maximes et au respect dû aux puissances.

L'impression des avis publiés, soit pour afficher, soit pour distribuer, de quelque espèce qu'ils soient, leur affiche et distribution ne peuvent être faites qu'en vertu de la permission du magistrat de police.

Il est défendu, sous peine de punition exemplaire et autres peines considérables, à tous particuliers autres que les maîtres imprimeurs, d'avoir et tenir en quelque lieu que ce soit, et sous quelque prétexte que ce puisse être, aucune presse, aucuns caractères, formes, ni ustensiles d'imprimerie, et à tous autres qu'aux marchands libraires de faire le commerce, vente et débit d'aucuns livres.

Tous les ouvrages imprimés sans permission sont confisqués sur ceux qui sont en contravention, et dans le cas où il y aurait dans ces mêmes ouvrages quelque chose de contraire à la religion et contre le roi, l'État et le bon ordre, les auteurs, imprimeurs et libraires qui les auraient composés, imprimés ou débités peuvent être condamnés et punis suivant les circonstances comme perturbateurs du repos public, et les imprimeurs, libraires et colporteurs, dégradés en outre de leur état et maîtrise et déclarés incapables d'exercer leur profession.

Il est pareillement défendu aux fondeurs de caractères d'imprimerie de délivrer leurs fontes à d'autres personnes qu'aux imprimeurs ou à leurs veuves exerçant l'imprimerie, et de vendre à d'autres qu'aux maîtres de leur profession, aux imprimeurs et aux libraires, en tout ou en partie, leurs poinçons, frappes et matrices.

Les peintres, dessinateurs en figure, les graveurs et imprimeurs en estampes, et les marchands qui débitent leurs ouvrages sont également sous l'inspection et sujets à la correction de la police, lorsqu'ils abusent de leurs talents et de la liberté de leur commerce pour représenter et répandre des sujets indécents et dangereux pour les mœurs, ou d'un genre satirique qui ne doit être souffert ni toléré.

Il en est de même des autres sciences et arts libéraux dont il peut résulter des abus et des inconvénients que l'intérêt public exige que l'on arrête et que l'on réprime.

### § 8. — *Commerce.*

L'exécution des ordonnances et réglements tant généraux que particuliers sur le commerce concerne les juges de la police. Ils connaissent dans l'étendue de leur territoire de toutes les contraventions qui peuvent y être commises. Leur *inspection* s'étend particulièrement sur le commerce des objets de consommation, sur les foires et marchés de leur ressort; ils règlent le prix des denrées, ils veillent à la justesse des poids et mesures, enfin ils ont l'entière discipline sur tous les gens de commerce, quels qu'ils soient, qui sont établis dans leur district en ce qui regarde leur négoce.

Dans les villes où il y a maîtrise, les marchands forment des corps séparés qui ont chacun leurs statuts et leurs priviléges particuliers pour l'espèce de marchandise dont chaque corps a droit de faire le trafic. C'est au tribunal de la police que se portent toutes les contestations qui s'élèvent entre ces mêmes corps relativement aux entreprises des uns sur les priviléges des autres, ou des particuliers sans maîtrise ni qualité qu'ils surprennent faisant leur commerce. C'est devant les mêmes juges que chaque maître doit être reçu, et c'est encore devant eux que se font les élections des syndics, gardes, jurés et autres choisis dans ces différents corps pour veiller à l'exécution de leurs statuts, à la discipline des membres et au maintien des droits et priviléges qui leur appartiennent.

Ils sont tous également tenus de prêter serment devant les juges de police, lors de leurs réceptions, de remplir exactement les devoirs de leur état ou de leurs charges. Ceux qui sont députés par leurs corps sont obligés de faire des visites exactes chez les maîtres, pour examiner s'ils se conforment à ce qui leur est prescrit, et pour constater leurs contraventions. Ils doivent également se transporter chez ceux qui ne sont point de leur communauté, lorsqu'ils apprennent que ceux-ci entreprennent sur leurs priviléges. Ils saisissent les marchandises, matières et ustensiles qui sont dans le cas de l'être. Ils doivent être assistés du juge ou d'un commissaire dans les visites et saisies qu'ils font chez les contrevenants. Ils font ensuite assigner ces mêmes contrevenants devant le juge pour faire prononcer la validité de ces saisies, la confiscation au profit de la communauté des choses trouvées en contravention, l'amende ou les dommages et intérêts encourus aux termes des ordonnances, statuts et règlements.

### § 9. — *Manufactures et arts mécaniques.*

Les juges de police ont la même juridiction sur les manufactures et arts mécaniques que sur les autres branches de commerce. Ils connaissent des contraventions des fabricants, artisans et ouvriers aux règles qu'ils doivent suivre, des poids, mesures, qualités des matières et façon des choses par eux fabriquées et ouvragées. C'est à eux que les fabricants et artisans doivent s'adresser pour la conservation de leurs droits et priviléges, pour le maintien de la discipline et pour la taxe, lorsqu'il y a lieu, des salaires de ceux qu'ils emploient.

### § 10. — *Serviteurs, domestiques et manouvriers*[1].

Il n'y a point d'États dans l'Europe où tous ceux qui s'engagent au service d'autrui soient plus libres et soient traités avec plus de ménagements et de douceur qu'en France[2]. Il ne subsiste plus à leur égard aucune trace de l'esclavage qui faisait leur état primitif; ils vendent leur industrie, leurs peines, leur service à ceux qui en ont besoin, et ne sont obligés de les donner que suivant les conventions qu'ils ont faites avec leurs maîtres, qu'ils quittent aussi librement que ces derniers les renvoient.

Il y a cependant des anciennes ordonnances qui défendent à tous serviteurs de laisser leurs maîtres pour en aller servir d'autres sans le gré et consentement de ceux qu'ils quittent, si ce n'est pour quelque cause ou occasion légitime, et à toutes personnes de les recevoir sans informations aux maîtres de chez qui ils sortent, des raisons pour lesquelles ils cessent d'y demeurer, ou sans un certificat par écrit des anciens maîtres, à peine d'amende.

Mais par rapport aux simples domestiques il n'y a guère que les bienséances, que ces ordonnances semblent recommander entre les maîtres, qui s'observent actuellement.

Elles ne s'exécutent dans leur étendue qu'à l'égard de quelques espèces d'ouvriers domestiques qui prennent des engagements avec leurs maîtres, et dont le travail commencé ne pourrait souffrir d'interruption sans entraîner une perte notable et irréparable pour ceux qu'ils servent, et dans le cas surtout où ceux-ci exercent de ces professions essentielles qui ont pour objet la nécessité habituelle du service public. Ces ouvriers domestiques ne peuvent quitter leurs maîtres avant la fin de leur ouvrage ou de leur engagement, ou sans les avoir prévenus afin qu'ils puissent avoir un temps raisonnable pour trouver d'autres ouvriers. Ils sont obligés de prendre des certificats des maîtres de chez qui ils sortent, comme ils ont rempli leur devoir chez eux et s'y sont bien com-

---

1. Le manouvrier diffère du crocheteur et du gagne-denier en ce qu'il gagne sa vie du travail de ses mains. Le gagne-denier s'emploie à des ouvrages qui n'exigent que le travail des bras. (Jaubert : *Dict. des arts et mét.*, 1773.)

2. ... Mais elle bat ses gens, et ne les paye point.
(Molière, *Misanthrope*.)

Bon nombre de domestiques étaient traités de la sorte au XVIIIe siècle comme au XVIIe.

portés; et les maîtres de leur part ne peuvent leur refuser ces certificats sans raisons suffisantes.

Les maîtres de la même profession ne doivent point prendre d'ouvriers sans ces certificats.

Au surplus, l'attention et la surveillance de la police sur les gens de service, et les corrections sévères qu'elle emploie à leur égard empêchent qu'ils n'abusent de la liberté dont ils jouissent en général, et met un frein à la licence à laquelle cette liberté pourrait les conduire. Les ouvriers et les domestiques sans travail et sans condition étant, après un certain temps, dans le cas d'être arrêtés et traités comme vagabonds, la crainte de ce traitement et la nécessité de vivre les obligent de chercher des maîtres et de l'occupation, et empêchent qu'ils ne mettent leurs services à trop haut prix.

Les ordonnances défendent à toutes personnes de se servir de gens inconnus, vagabonds, mal famés et de mauvaise vie, sous peine de répondre civilement des délits qu'ils commettraient à leur service.

De là s'est établie une maxime constamment observée en matière de police, que tout maître est tenu civilement des contraventions commises par ses gens et serviteurs en faisant son service; ce qui a toujours lieu afin d'obliger les maîtres de prendre garde à ceux en qui ils mettent leur confiance, et de veiller par eux-mêmes avec attention à ce qu'ils ne commettent aucun désordre.

Il est défendu à tous laquais et valets de se travestir, de porter cannes, bâtons ou épées, d'aller aux spectacles et d'insulter personne, sous peine de carcan et autres plus grandes peines, si le cas y échoit.

Les manouvriers sont ceux qui travaillent aux récoltes et ceux qui servent et aident d'autres ouvriers, tels sont les moissonneurs, vendangeurs, aides-maçons, carriers, bûcherons, scieurs de long et autres. Ils n'appartiennent à aucun maître, et servent occasionnellement tous ceux qui veulent les employer. Ils sont payés à la journée ou à la tâche; ils vont de province en province, de ville en ville, de village en village, chercher partout de l'occupation, et ne s'y arrêtent qu'autant de temps qu'ils y trouvent du travail. Ces gens précieux rendent les services les plus essentiels; ils sont infatigables, ils s'occupent sans relâche des besoins de la société; ils méritent donc toute la protection des magistrats et des officiers de police. Ils doivent les faire employer autant qu'il est possible dans les campagnes où ils se présentent, et régler leurs salaires raisonnablement en empêchant néanmoins qu'ils n'exigent un plus haut prix que celui de leur réglement, et ceux qui ont besoin de leurs services de les enchérir les uns sur les autres.

§ 11. — *Les pauvres.*

La mendicité est le principal sujet de ce titre. Rien n'étant plus à charge à l'Etat et à la société que les hommes oisifs, sans aucuns moyens acquis pour subsister, les ordonnances ont proscrit la mendicité sous des peines très-sévères.

L'exécution de ces ordonnances appartient aux juges de police, chacun dans l'étendue de sa juridiction.

## II.

### DIVISION GÉNÉRALE DES MATIÈRES DE LA POLICE JUDICIAIRE, SUIVANT LES DIFFÉRENTES ATTRIBUTIONS FORMANT LA COMPÉTENCE DES TRIBUNAUX DE POLICE.

On distingue, dans l'exercice des tribunaux de police, trois espèces d'attributions qui renferment toutes les matières qui sont de leur compétence, savoir :

La police simple ou ordinaire.

La police criminelle, qui renferme les cas mixtes, ainsi appelés parce qu'ils sont également du ressort de la justice criminelle.

Enfin la police contentieuse, que l'on peut aussi appeler police civile, parce que les affaires de cette classe concernent des parties civiles qui ont des intérêts contradictoires, pour lesquelles elles forment judiciairement leur action, et la poursuivent en leur nom jusqu'au jugement définitif.

*Police ordinaire.* — Elle renferme la connaissance et la punition de toutes les contraventions aux ordonnances et réglements concernant les cas de simple police, qui sont les plus nombreux et les plus détaillés, et qui n'emportent que des peines légères et de correction, comme l'amende, la prison et la détention pour un temps dans les maisons de force.

*Police criminelle ou mixte.* — La police criminelle comprend les crimes et délits, et autres cas graves qui sont de la compétence des tribunaux de police. Ces sortes de cas sont rares; en voici quelques-uns de cette espèce : les assemblées formées dans la vue de cabaler contre le gouvernement et de troubler la tranquillité publique; les attroupements dans la rue, à main armée, les émotions populaires, les vols et enlèvements faits avec violence dans les marchés et chez les marchands des denrées nécessaires à la vie, qui y sont exposées en vente; la destruction à dessein des choses établies pour l'utilité publique; le maquerellage accompagné de séduction de la part de ceux qui s'en mêlent pour corrompre et prostituer de jeunes filles.

Ces sortes de cas emportent, suivant leurs différentes natures, la peine de mort ou des peines afflictives et infamantes, telles que le fouet, le carcan, les galères, le bannissement et la détention perpétuelle dans les maisons de force.

*Police contentieuse ou civile.* — Cette branche de juridiction embrasse toutes les causes et procès qui regardent les corps des marchands, artisans et autres gens de métier, relativement à leurs droits et priviléges respectifs, et à leur discipline. Ils y emploient le ministère des procureurs et des avocats, qui n'est point admis dans la police ordinaire ni dans la police criminelle. Toutes ces affaires contentieuses doivent néanmoins être traitées et jugées sommairement. Il y a des règlements qui déterminent la forme et limitent l'étendue de la procédure.

Observations particulières. — A Paris, le magistrat qui exerce la police rend ses jugements seul, c'est-à-dire sans conseil, lorsqu'il ne s'agit que des matières qui concernent seulement la police ordinaire et la police contentieuse; au lieu que, dans les autres villes, ceux qui remplissent les mêmes fonctions sont obligés, suivant les réglements, d'être assistés d'un ou de deux conseillers de leur siége.

Mais à l'égard de la police criminelle, dont les cas donnent lieu à des peines capitales, afflictives ou infamantes, le magistrat de police ne peut rendre de jugements définitifs qu'assisté du nombre de juges ou gradués marqué dans les ordonnances qui ont pour objet la punition des crimes.

### QUELS SONT LES JUGES COMMIS POUR JUGER LES CAUSES DE LA COMPÉTENCE DE LA POLICE (QUESTION DEUXIÈME).

L'exercice de la police appartient en général aux juges ordinaires des lieux, c'est-à-dire que cette portion de juridiction est communément réunie, dans chaque ville ou endroit, au siége qui y est établi pour l'administration de la justice ordinaire.

Ces juges se divisent en juges royaux et en juges des seigneurs; les premiers sont ceux qui rendent la justice pour le roi, les autres pour les seigneurs des lieux à qui ce droit appartient.

Il y a des juges royaux dans presque toutes les villes du royaume et beaucoup de villes où il y a en même temps des justices seigneuriales. En ce cas, la police appartient par préférence aux juges royaux, et, à l'exclusion de tout autre, au magistrat ayant le titre de Lieutenant général de police[1], cette unité de juridiction et de pouvoirs étant ce qu'il y a de plus essentiel dans l'exercice de cette partie.

Elle est administrée dans quelques endroits par les officiers des hôtels de ville, soit en vertu d'une attribution qui leur est particulière, soit par un droit de possession immémoriale.

A Paris, les officiers municipaux exercent une portion de juridiction pour la police, dans la partie seulement des vivres et denrées d'approvisionnement qui viennent dans la capitale par la Seine. Ils n'en ont, d'ailleurs, aucune dans la ville.

On peut appeler des sentences rendues par les juges de police; mais ces appels, qui par rapport aux sentences des juges royaux se portent au Parlement, ne suspendent point l'effet de ces jugements, qui s'exécutent toujours par provision.

Ceux des Lieutenants-généraux de police contre les vagabonds et gens sans aveu ne sont point susceptibles d'appel, et sont rendus en dernier ressort.

Les Parlements ont ce que l'on nomme la grande police, et comme tribunaux supérieurs ils font quelquefois pour l'étendue de leur ressort des règlements généraux qu'ils envoient aux siéges des juridictions de leur dépendance pour les faire exécuter, et afin que les juges de ces siéges s'y conforment dans leurs sentences.

Tels sont les éclaircissements et les remarques que l'on a crues

---

1. Ce titre de *Lieutenant* vient de ce que dans chaque siége royal il y a un premier magistrat ou chef de la juridiction ayant la qualité de bailli, sénéchal ou prévôt. Plusieurs sont d'épée et n'exercent aucune fonction de magistrature. Ils ont seulement le droit de séance à la première place du siége, et la justice se rend en leur nom, par leurs lieutenants, c'est-à-dire les magistrats exerçant les fonctions du siége. Dans les siéges considérables, il y en a trois, savoir : un lieutenant civil, un lieutenant criminel et un lieutenant général de police. (Note du manuscrit.)

les plus essentielles sur la police judiciaire. On a pensé qu'il serait inutile de se livrer à de grands détails à ce sujet; ceux que l'on a présentés jusqu'ici suffiront pour établir au moins deux points importants :

1° Que tous les devoirs des citoyens, tant en général qu'en particulier, relativement à l'utilité publique et au bon ordre, sont renfermés dans des règlements publics et notoires.

2° Que les punitions infligées à ceux qui manquent de s'y conformer ne sont point arbitraires, mais seulement arbitrées sur la loi qu'ils ont violée, selon les cas particuliers, et avec une sage modération dont l'effet est d'inspirer d'autant plus l'amour du bien, le respect pour la loi, l'obéissance envers le magistrat qui veille sans cesse à son exécution, à qui l'on ne connaît d'autre volonté que celle de la loi même, d'autres vues par conséquent que le bien public; qui, législateur dans sa partie, n'agit que par ces maximes si connues en matière de gouvernement et d'administration publique : *Faire tout le bien général possible ; user, en punissant les hommes des fautes dans lesquelles ils tombent, de tous les ménagements et de tous les égards admissibles que semble réclamer en leur faveur la connaissance des erreurs et des faiblesses de l'humanité; les ramener à leur devoir plutôt par des avertissements, des corrections douces et salutaires données avec l'appareil toujours imposant de l'autorité publique, qui fait plus d'impression que la peine même, que par le poids d'une rigueur excessive, plus propre à les révolter contre la loi qu'à leur en apprendre et à leur en persuader l'utilité.*

Ces principes, qui servent de fondement à la police en France, se développeront encore davantage dans la partie suivante, où en parlant des soins de la police, on réunira ce que l'administration, considérée sous le même point de vue, renferme de plus intéressant dans la police de la capitale.

## SECONDE PARTIE.

# POLICE D'INSPECTION OU EXERCICE GÉNÉRAL DE LA POLICE.

La police, en cette partie, renferme l'universalité des soins relatifs à l'administration du bien public, le choix et l'emploi des moyens propres à le procurer, à l'accroître, à le perfectionner. Elle est, on peut le dire, la science de gouverner les hommes et de leur faire du bien, la manière de les rendre, autant qu'il est possible, ce qu'ils doivent être pour l'intérêt général de la société.

Elle consiste à entretenir le bon ordre, à veiller aux besoins communs des citoyens, à y pourvoir, à empêcher tout ce qui pourrait troubler la paix et la tranquillité dont ils doivent jouir, à leur prescrire les règles qu'ils doivent suivre, à les obliger de s'y conformer; à observer ceux dont la conduite, les actions ou l'oubli de leurs devoirs peuvent être préjudiciables aux autres, et arrêter, corriger et réprimer les abus et les désordres; à prévenir les crimes, faire en sorte que les coupables ne puissent échapper à la punition qu'ils méritent; à séparer de la société ceux qui ne peuvent que lui être nuisibles; à rendre à tous les citoyens également et indistinctement la plus exacte et la plus prompte justice; à leur accorder les secours, la protection et les soulagements qu'ils doivent attendre, et qu'il est possible de leur procurer.

Toute l'attention, la vigilance et l'activité que demandent des soins aussi importants et aussi étendus, à quelque degré qu'elles puissent être portées, ne suffisent pas encore pour y subvenir, et pour embrasser l'immensité des détails qu'ils présentent à la fois dans les grandes villes; elles ne sont que les secondes causes du succès de ces mêmes soins.

Ces succès dépendent principalement : 1º du plan général de l'administration, qui n'est autre chose que l'ordre dans la distribution des détails qui la concernent et qui en règlent la marche totale; 2º des moyens qu'elle emploie, de leur convenance générale et particulière, de la précision avec laquelle ils sont appliqués.

Les moyens qui méritent la préférence sont constamment ceux qui s'étendent et se rapportent en même temps à un plus grand nombre d'objets, dont la pratique est la plus simple, et qui présentent le plus naturellement l'idée du bien qui en doit résulter. Le choix de ces moyens est donc très-intéressant. Ils constituent en grande partie l'économie de la Police; ce sont les ressorts de la machine, ils doivent être perpétuellement en action sous les yeux du magistrat, et toujours en état, à la plus légère impression qu'il leur donne, d'opérer tous les effets qu'ils doivent produire.

## POLICE DE PARIS.

### QUELS SONT LES DIFFÉRENTS DEGRÉS ET DÉPARTEMENTS DES PERSONNES CHARGÉES DE LA POLICE? (QUESTION TROISIÈME).

Le *magistrat* qui préside à la police en a seul le gouvernement et la principale administration. Comme il ne doit rien ignorer de tout ce qui intéresse sa gestion, il est obligé d'embrasser à lui seul la connaissance générale de tous les détails de la police, d'y veiller par lui-même et d'en remplir personnellement une grande partie.

48 commissaires, départis dans les quartiers de Paris, partagent avec le magistrat, et sous lui, les soins de la police dont ils ont la manutention ordinaire, lui rendent compte de leurs opérations, reçoivent ses ordres et les font exécuter[1].

Une garde de 1,000 hommes, dont la moitié fait un service de 24 heures de suite, et est relevée ensuite par l'autre moitié, est établie pour le maintien du bon ordre, la sûreté et la tranquillité générale dans la ville; elle est répartie dans différents postes, d'où elle se porte au moindre avis dans les endroits où sa présence est nécessaire; elle arrête les délinquants, et les conduit, avec ceux qui peuvent avoir des plaintes à porter ou qui ont été témoins de ce qui s'est passé, devant les commissaires, pour y être pourvu selon l'exigence des cas. Le commandant de cette garde, qui a le double titre de Chevalier du guet et de Commandant de la garde de Paris, est aux ordres du magistrat, et lui rend compte tous les matins, par les rapports de sa garde, qu'il lui envoie, de toutes les affaires pour lesquelles elle a été appelée[2], et des observations intéressantes qu'elle a pu faire en remplissant son service[3].

Il y a 20 inspecteurs de police, dont un dans chaque quartier; ils ont inspection, sous les commissaires, sur tout ce qui intéresse la police, et doivent leur donner avis sur le champ des délits et contraventions dont ils ont connaissance, en rendre compte au

1. Les commissaires de police sont actuellement au nombre de 70, touchant de 5 à 8,000 fr. de traitement.

2. Le texte porte *rappelée.*

3. Outre le régiment de la garde de Paris ou garde républicaine, on compte environ 7,500 gardiens de la paix, un pour 200 habitants. C'est un effectif de 11 à 12,000 hommes.

magistrat, exécuter ses ordres, faire les informations et les recherches secrètes dont il les charge, assister les commissaires dans leurs fonctions lorsqu'il en est besoin.

Les environs de Paris sont gardés par une maréchaussée appelée la Compagnie du prévôt général de l'Ile de France[1]. Elle est partagée en huit brigades, de 4 ou 6 hommes chacune. Ces brigades, dont 7 ont leur résidence dans les villes ou principaux villages de ces mêmes environs, font incessamment des rondes, arrêtent et emprisonnent les vagabonds, les gens sans aveu, les mendiants et autres gens suspects qu'elles rencontrent sur les chemins ou dont elles découvrent la retraite, ainsi que les malfaiteurs et autres dont le signalement leur est envoyé; elles se portent aussi sur les lieux où il a été commis des crimes, et se saisissent des coupables.

La 8e brigade, appelée celle du major ou de l'inspecteur, réside à Paris pour y recevoir plus aisément les ordres du magistrat de police, que le commandant général est tenu d'exécuter. Les commandants particuliers des autres brigades rendent aussi compte au magistrat de tout ce qui peut arriver dans leurs départements concernant la sûreté et la tranquillité publiques.

Ainsi tous les détails de la police sous le magistrat, en ce qui regarde uniquement l'intérieur de la ville et ses habitants, se trouvent distribués entre les commissaires, les inspecteurs de police et le commandant de la garde, suivant la nature et l'ordre des fonctions qui leur appartiennent, et qui seront plus amplement expliquées dans la suite.

C'est par le moyen de cette correspondance et de cette communication immédiate, perpétuelle et facile, établie entre le magistrat et ce petit nombre de personnes, qu'il gouverne un million d'habitants rassemblés dans une ville immense; qu'il les tient sous le joug salutaire de l'ordre et de la règle; qu'il étend ses relations et sa sollicitude jusqu'au moindre des citoyens; qu'il se multiplie et se trouve, pour ainsi dire, partout en même temps; qu'il sait tout, qu'il voit tout, prévoit tout, et pourvoit à tout; donne à tous les instants, et toujours quand il le faut, les ordres nécessaires; et qu'ils se trouvent exécutés avec la même célérité et la même précision.

Tel est l'espèce de problème dont on trouvera la solution dans

1. C'est aujourd'hui la gendarmerie qui est chargée de ce service.

les articles suivants, où l'on tâchera de ne rien omettre de ce qui peut servir essentiellement à l'expliquer d'une manière satisfaisante.

ARTICLE PREMIER. — DU MAGISTRAT.

La création de la charge de Lieutenant général de police, la nécessité de cet établissement, l'un de ceux qui ont le plus contribué à la splendeur de la capitale, l'accroissement de crédit et d'autorité que les magistrats qui ont rempli cette place ont reçu dans la suite par les différentes parties du ministère dont l'exercice leur a été confié, l'usage qu'ils en ont fait dans leur gestion principale, sont autant de circonstances dont il paraît nécessaire de rendre compte pour donner une plus juste idée de l'administration actuelle de la police à Paris, et qui semblent d'ailleurs avoir une application trop naturelle à l'objet de ce mémoire pour que l'on puisse se dispenser d'en faire une légère mention.

§ 1. — *Police administrée avant Louis XIV par plusieurs magistrats. Inconvénients et désordres qui en résultent.*

Originairement l'administration générale de la police appartenait au prévôt de Paris, qui remplissait seul alors dans la capitale les principales fonctions de la magistrature. Lorsqu'il cessa, vers l'an 1500, de rendre la justice en personne, il fut représenté par deux lieutenants, l'un pour la connaissance des matières civiles, l'autre pour les matières criminelles. La police étant mixte entre le civil et le criminel, il s'agissait de savoir auquel de ces deux magistrats l'administration en devait appartenir. Il fut décidé qu'ils la régiraient concurremment, mais cette concurrence, sur laquelle ils n'étaient pas d'accord, ne cessa d'occasionner des contestations entre eux, l'un et l'autre prétendant qu'elle devait dépendre de son tribunal; chacun voulait s'en attribuer toute l'autorité, ou réclamait la compétence dans tous les cas où la nature des affaires lui paraissait avoir plus de rapport à l'exercice de sa juridiction particulière. Ces difficultés perpétuelles, qui les détournaient de l'attention qu'ils devaient à leur administration commune, arrêtaient le cours des opérations les plus nécessaires. Les soins de la police portaient entièrement sur les commissaires; c'étaient 30 magistrats au lieu d'un. Il n'y avait nul point de vue général, nul ordre dans la gestion. Tout se faisait au hasard. La confusion devint si grande à la fin que tous les moyens se trouvèrent insuffisants pour remédier aux désordres de toute espèce auxquels elle donna lieu. Il n'y avait nulle sûreté dans les rues de Paris, ni dans les maisons. Les meurtres, les assassinats et les vols s'y commettaient presque impunément le jour comme la nuit; les autres parties de la police n'étaient pas mieux tenues[1].

### § 2. — *Réformation de la police, création d'un nouveau magistrat sous le titre de Lieutenant général de police, avec attribution à son tribunal de tout ce qui doit la concerner.*

Les choses étaient en cet état lorsque Louis XIV prit seul les rênes du gouvernement. Le préjudice notable que le défaut de police à Paris apportait à cette capitale lui fit prendre aussitôt toutes les mesures nécessaires pour parvenir à une réformation devenue indispensable dans une partie aussi essentielle de l'administration publique. Il forma, à cet effet, en l'année 1666, un conseil qu'il composa de M. le chancelier Séguier, chez qui se tinrent les assemblées, de M. le maréchal de Villeroy, de 8 conseillers d'Etat et de M. Colbert, ministre des finances.

Les huit conseillers d'Etat se chargèrent, pendant la tenue de ce conseil, de la direction des seize quartiers dont la ville était alors composée. Chacun en eut deux pour son département; il assemblait chez lui les deux anciens commissaires de ces quartiers, et travaillait avec eux sur toutes les affaires de la police.

Ces commissaires, de leur côté, assemblaient chez eux les notables, conféraient avec eux et prenaient leurs avis.

Le résultat de tout ce travail était ensuite porté au conseil où les commissaires anciens des quartiers étaient appelés et entendus; on y examinait les règlements et l'on arrêtait ce qui était à faire pour en assurer l'exécution.

Paris était devenu un cloaque pour la malpropreté, par la négligence des entrepreneurs du nettoiement et celle des habitants à exécuter les ordonnances sur cet objet. Louis XIV, qui se faisait rendre le compte le plus exact des délibérations du conseil, avait la réformation de la police tellement à cœur qu'il chargea M. le chancelier de dire de sa part au conseil que l'on s'appliquât parti-

1. Cf. Boileau : Satire VI, Embarras de Paris.

culièrement à perfectionner le nettoiement, et qu'il marcherait exprès dans les rues pour voir si ses ordres à cet égard étaient exécutés[1].

Le principal fruit de ce conseil, le premier jusques alors où l'on eût examiné à fond l'étendue et l'immensité des détails de la police, si capables d'occuper toute l'attention d'un magistrat, fut la création de la charge de Lieutenant général de police par un édit du mois de mars 1667.

Cet édit, propre à faire connaître l'étendue de sa juridiction, porte qu'il connaîtra de la sûreté de la ville, prévôté et vicomté de Paris. — Du port d'armes prohibées par les ordonnances. — Du nettoiement des rues, places publiques, circonstances et dépendances. — Qu'il donnera les ordres nécessaires en cas d'incendie et d'inondation. — Connaîtra pareillement de toutes les provisions nécessaires pour la subsistance de la ville, amas et magasins qui en pourront être faits, du taux et prix d'icelles. — De l'envoi des commissaires sur les rivières pour le fait des amas, bottelages, conduite et arrivée des foins à Paris. — Réglera les étaux des boucheries et en fera l'adjudication. — Aura la visite des halles, foires, marchés, hôtelleries, auberges, maisons garnies, jeux, tabagies et lieux mal famés. — Aura la connaissance des assemblées illicites, tumultes, séditions et désordres qui pourront arriver à leur occasion. — Des manufactures et dépendances. — Des élections des jurés et gardes des corps de marchands et artisans de toute espèce, des brevets d'apprentissage et réception des maîtres. — De la réception des rapports des visites desdits jurés et gardes, et de l'exécution des statuts et règlements qui concernent ces communautés. — Pourra étalonner les poids et balances de toutes les communautés de la ville et faubourg, à l'exclusion de tous juges. — Connaîtra des contraventions qui seront commises à l'exécution des ordonnances, statuts et règlements pour le fait de l'imprimerie, par les imprimeurs en l'impression des livres et libelles défendus, et par les colporteurs en la vente et distribution de ces ouvrages. — Les chirurgiens seront tenus de lui donner déclaration de leurs blessés et qualités d'iceux. — Pourra connaître de tous délinquants trouvés en flagrant délit en fait de police, leur faire et parfaire leur procès sommairement, et les juger seul, sinon dans les cas où il s'agira des peines afflictives. — Et géné-

1. On connaît le mot de Louis XIV : Netteté, sûreté, clarté.

ralement lui appartiendra l'exécution de toutes les peines, ordonnances, arrêts et règlements concernant la police, circonstances et dépendances. — Seront tenus les commissaires d'exécuter ses ordres et mandements, même le chevalier du guet, le lieutenant criminel de robe courte et le prévôt de l'Ile-de-France, comme aussi les bourgeois de prêter main-forte à l'exécution de ses ordres et mandements.

Le roi fit choix de M. de la Reynie, maître des requêtes, pour remplir cette charge importante, qui n'a jamais été occupée que par des magistrats de cet ordre, ce qui est devenu pour eux le degré le plus prochain pour parvenir aux plus hautes dignités de l'Etat.

Le changement subit qui arriva dans la police de Paris fit voir combien il était important qu'un seul chef en dirigeât les opérations. L'ordre et la sûreté y furent rétablis presque aussitôt par les soins et la vigilance du nouveau magistrat, qui pourvut avec le même succès à ce qui concernait les autres parties de la police. Louis XIV n'épargna, pour le seconder, ni son autorité ni ses finances.

Il fit fournir sur le trésor royal les fonds nécessaires à la première dépense pour éclairer les rues pendant la nuit, et pour l'augmentation de la garde destinée à veiller à la sûreté et à la tranquillité publiques.

C'est avec de semblables secours que, depuis M. de la Reynie, les autres magistrats qui ont rempli cette grande charge, animés des mêmes vues pour le bien public et excités par cette noble émulation qui forme les hommes d'Etat et fait distinguer par eux les grandes places, ont successivement créé de nouveaux établissements, ajouté sans cesse aux anciens, et que la police de la capitale se trouve enfin portée aujourd'hui à son plus haut degré de perfection.

§ 3. — *Réunion à la place de Lieutenant général de police de Paris, pour ce qui concerne la ville seulement, des différentes parties concernant le ministère dont l'Intendant de la province était chargé. Autorité qu'elle donne au magistrat. Usage qu'il en fait pour le bien de la police.*

La ville de Paris était comprise, avant la création de la charge de lieutenant général de police, dans le département de la province de l'Ile-de-France dont elle est le chef-lieu, et comme telle, régie pour ce qui regarde la police du gouvernement, c'est-à-dire le commerce général, la finance et les autres parties relatives au ministère, par un intendant ou commissaire du roi chargé de ce département; elle en fut séparée pour former un département particulier au magistrat dans les mêmes parties, en sorte qu'il est par sa place intendant ou commissaire du roi pour la ville de Paris et ses dépendances.

C'est à lui, en cette qualité, que sont renvoyées par le gouvernement toutes les affaires relatives à cette branche d'administration; c'est lui qui a l'inspection sur tous les corps et communautés de commerce, les arts et manufactures, en ce qui concerne directement la police du gouvernement. C'est à lui, en conséquence, que sont communiqués ou présentés d'abord tous les mémoires, projets et demandes relativement à ces différents objets, à leur établissement, à leur suppression ou à leur réforme; c'est lui qui en fait le rapport au conseil du roi, où ils sont admis ou rejetés après qu'il a donné son avis.

C'est devant lui, comme commissaire du même conseil, que sont portées toutes les contestations qui s'élèvent sur l'exécution des règlements qui y ont été arrêtés. Il règle encore, comme commissaire du roi, les taxes, subventions et contributions auxquelles peuvent être assujétis les corps et communautés dont on vient de faire mention, pour ce qu'ils doivent supporter dans les charges, ou fournir dans les besoins de l'Etat; [c'est lui] qui entend et juge les comptes de ceux qui ont la régie des droits et revenus de ces mêmes corps et communautés, pour la discipline desquels il fait tous les règlements et rend toutes les ordonnances provisoires qu'il juge convenables.

C'est encore à lui, comme intendant de Paris, que sont envoyés tous les ordres expédiés de la part du souverain pour être exécutés dans Paris, ce qui établit entre lui et les ministres, avec lesquels il a un travail réglé, une correspondance continuelle, et le met en même temps en relation avec toutes les personnes attachées au gouvernement, ou qui ont intérêt dans les affaires dont il est chargé par le ministère.

Il a encore, en la même qualité, l'inspection générale sur le militaire pour ce qui concerne le passage, le séjour et la discipline des troupes dans Paris; sur les recrues qui ne peuvent y être faites sans sa permission. Il connaît seul de la validité des engagements; les recruteurs sont obligés de lui en rendre compte et de faire passer en revue devant lui les soldats nouvellement enrôlés avant leur départ pour rejoindre les corps auxquels ils sont destinés.

C'est le magistrat qui est chargé d'examiner et d'interroger les prisonniers d'Etat détenus dans les châteaux du roi destinés à cet usage à Paris et dans les environs, et qui rend compte à la cour de ce qui les concerne.

Il agit de lui-même sous le nom du souverain et comme ayant ses ordres, dans tous les cas imprévus et instants où il juge qu'il y a nécessité de le faire.

Il fait usage de ce pouvoir avec le plus grand succès dans l'administration de la police; la célérité des opérations les plus importantes dans cette partie, où la réussite dépend presque toujours du moment et de n'avoir aucun obstacle ni aucune difficulté à prévoir ni à craindre, ne pouvant admettre que très-difficilement les formes juridiques, qui par elles-mêmes sont longues et embarrassantes, ces sortes d'opérations se font de l'ordre du roi; le magistrat, à cet égard, dispose absolument de l'autorité souveraine, il est, en cette partie, le seul ministre.

### § 4. — *Circonstances principales dans lesquelles cette autorité est employée dans la police.*

C'est de l'ordre du roi que le magistrat fait faire dans les maisons des particuliers et autres endroits les recherches et les perquisitions nécessaires, soit des personnes, soit des choses dont il est intéressant de se saisir ou de s'assurer promptement; qu'il fait arrêter tous les malfaiteurs qui n'ont pu l'être dans le flagrant délit, tous ceux qui ont commis des désordres ou dont la conduite y donne lieu. Ceux qui sont prévenus de crimes sont renvoyés aussitôt devant les juges qui doivent faire leur procès, avec les effets, papiers et autres choses qui ont été trouvées, pouvant servir à la preuve des délits de cette nature.

C'est au magistrat que s'adressent, par des placets ou mémoires, ceux qui ont recours à l'autorité pour avoir prompte justice des vexations qu'ils éprouvent, des torts considérables qui peuvent leur avoir été faits par surprise, supercherie, ou de quelque autre manière répréhensible que ce puisse être. Le magistrat fait vérifier les faits, et lorsqu'il y a lieu, et que ceux qui se sont adressés à lui ne se sont pas pourvus devant les tribunaux ordinaires (ce qui fait cesser la voie d'autorité, qui ne doit que remplacer celle de la justice ordinaire, et non en interrompre le cours), il fait expédier les ordres nécessaires pour la punition de ceux contre lesquels les plaintes ont été portées.

C'est encore à lui que les familles ont ordinairement recours pour arrêter les désordres auxquels peuvent se livrer quelques-uns de leurs proches, et prévenir, en les privant d'une liberté dont ils abusent, les suites malheureuses et souvent déshonorantes de leurs déréglements. C'est de l'ordre du roi que sont arrêtés et détenus dans les maisons de force ceux qui se trouvent dans ce cas.

Les ordres sollicités par les particuliers ne s'obtiennent que sur les informations et les vérifications les plus exactes; les surprises et les erreurs à cet égard sont presque sans exemple. Les mémoires, placets et autres pièces sont envoyés d'abord à l'inspecteur de police du quartier dans lequel demeure celui dont on se plaint, pour s'informer de la vérité des faits; il en fait son rapport au magistrat qui renvoie les pièces et l'examen de l'affaire au commissaire ancien du même quartier, qui entend la famille et toutes les autres personnes qui peuvent lui donner ou lui procurer les preuves et les éclaircissements qu'il juge nécessaires. Lorsque le commissaire a rempli tout ce que la prudence, la justice et la confiance du magistrat exigent de lui, il en rend compte par écrit au magistrat, en y joignant son avis, et le magistrat décide, d'après son rapport, s'il y a lieu ou non d'accorder la demande qui lui a été faite.

Tous les citoyens, jusqu'au dernier du peuple, ont le même accès auprès du magistrat; ils sont sûrs d'en obtenir la même justice, de trouver en lui le même intérêt à leurs peines domestiques, et que leurs demandes seront examinées, et la vérité approfondie avec la même attention et les mêmes soins que dans les affaires qui regardent les personnes de la première considération.

Le magistrat, néanmoins, fait arrêter de son autorité personnelle et en vertu de ses ordres particuliers ceux contre qui on lui porte des plaintes qui n'ont ni domicile ni état.

### § 5. — *Détails généraux de la place du magistrat pour l'administration de la police.*

Le magistrat entre lui-même dans tous les détails, de quelque espèce qu'ils soient, qui peuvent concerner, non-seulement son administration personnelle, mais encore toutes les branches de manutention qui partent et dépendent de cette administration dont les personnes qui en sont chargées doivent lui rendre compte.

Les commissaires écrivent au magistrat sur tous les événements publics qui arrivent dans leur quartier, dont ils ont eu connaissance, ou dans lesquels leur ministère a été employé. Ils l'instruisent notamment des accidents considérables, de quelque espèce que ce soit; des crimes qui ont été commis et qu'ils ont constatés; des morts subites, suicides, blessures graves, pour lesquels ils ont été appelés; de tous les emprisonnements de police qu'ils ont ordonnés, et des causes de ces emprisonnements; des désordres et des abus généraux ou particuliers auxquels il ne peut être pourvu que par l'autorité du magistrat.

Ils lui rendent compte de la même manière de tout ce qui peut concerner l'approvisionnement des marchés : des monopoles et contraventions, abus et manœuvres qu'ils apprennent et ont reconnu avoir été commis de la part de ceux qui font le commerce et le débit des denrées.

Ils lui adressent leurs observations, leurs remarques sur tout ce qu'ils estiment intéresser le bien public, soit relativement à chaque quartier, soit par rapport à la police générale dans Paris.

Ils lui rendent compte également de tout ce qui a rapport à différentes parties d'inspection dont ils ont les charges particulièrement.

Le magistrat prend lui-même lecture de toutes les lettres, mémoires, rapports et observations des commissaires, leur répond aussitôt sur tout ce qu'ils lui ont écrit, et leur adresse en même temps ses décisions et tous les ordres dont ils peuvent avoir besoin.

Il reçoit chez lui les commissaires toutes les fois qu'ils ont à conférer sur les différents objets de la police, ou qu'ils lui réfèrent des affaires sur lesquelles ils n'ont pu prendre sur eux une décision provisoire.

Le magistrat est instruit tous les matins par les bulletins ou rapports de la garde, qui lui sont envoyés par le commandant de la garde, de toutes les affaires pour lesquelles elle a été dérangée de ses postes.

Les inspecteurs de police lui rendent compte chaque jour, très-exactement, par des rapports par écrit et séparés pour chaque affaire, de toutes les observations, recherches, informations et découvertes qu'ils ont faites, et de l'exécution des ordres qu'il leur a donnés.

Ils s'assemblent tous chez le magistrat, l'un des jours de la semaine, pour lui rendre un compte général de tout ce qu'ils ont fait sur les affaires qui ne sont point encore terminées, et pour prendre de lui de nouveaux ordres.

Le magistrat-criminel, le procureur du roi, le lieutenant-criminel de robe courte, le prévôt de l'île et le commandant de la garde de Paris se rendent ensemble tous les quinze jours chez le magistrat pour conférer de tout ce qui est arrivé depuis la dernière assemblée, relativement à la sûreté et à la tranquillité publiques, de tout ce qui concerne les prisonniers détenus pour crimes, de l'état de leurs procès, des complices qu'ils peuvent avoir qui ne sont point encore arrêtés, et sur la recherche desquels le magistrat doit donner des ordres.

Lorsqu'il a été emprisonné un certain nombre de femmes ou filles de débauche, de vagabonds et gens suspects et sans aveu, qui doivent subir publiquement un jugement de police, le commissaire chargé de la visite des prisons pour cet objet en forme un rôle contenant les causes de leur détention, dont il doit faire juridiquement le rapport au tribunal du magistrat. Lorsque ce rôle est entièrement dressé, il se rend en l'hôtel du magistrat le jour que le magistrat lui a indiqué. Le magistrat examine ce rôle avec lui, et arrête dès ce moment le jugement qu'il doit prononcer contre chacun de ceux qui y sont compris.

Le magistrat visite les hôpitaux et maisons de force où sont détenus tous ceux qui y ont été enfermés par forme de correction, soit en vertu de ses jugements, ou de l'ordre du roi, ou de son ordre particulier; se fait rendre compte de tout ce qui les concerne; il fait donner la liberté à ceux à qui il juge à propos de l'accorder.

Il se rend une ou deux fois par semaine à son tribunal, au siége ordinaire de sa juridiction, pour le jugement des contraventions dont les commissaires font le rapport devant lui, et pour celui des causes contentieuses entre les justiciables de son tribunal.

Il donne chez lui, chaque semaine, à des jours différents, des audiences publiques où il reçoit tous ceux qui ont des plaintes, placets et mémoires à lui donner, ou qui ont à lui parler d'affaires. On ne peut pas nombrer les personnes de tous les rangs, de tous les états, qui se rendent à cette audience, qu'il ne termine point sans avoir parlé à tous ceux qui se sont présentés; ce qui n'empêche pas encore qu'il ne donne presque tous les autres jours des rendez-vous particuliers à ceux avec lesquels il désire avoir des conférences, ou qui lui en demandent.

Il se rend toutes les semaines à la cour pour travailler avec le ministre ayant le département de Paris, et avec les autres ministres, tant sur les affaires qui peuvent regarder la police que sur celles dont il est chargé, relativement aux différentes parties du gouvernement pour lesquelles il est en correspondance avec eux.

Le magistrat se rend tous les mois à une assemblée qui se tient chez M. le premier président du Parlement de Paris, et qui est composée de plusieurs autres principaux magistrats de cette cour, et dont l'objet est une conférence sur tout ce qui regarde la police générale.

Enfin le magistrat est en correspondance et en relation pour la police de Paris avec tous les principaux magistrats des différents parlements du royaume, avec les intendants de toutes les provinces, avec les magistrats, juge et officier de police particuliers des villes; ils lui donnent avis des événements principaux qui sont arrivés dans les provinces de l'Etat, des récoltes[1], du prix général des denrées, des affaires qui peuvent intéresser le commerce de ces différentes provinces avec la capitale.

Il est instruit par les juges des crimes qui ont été commis dans l'étendue de leurs juridictions, des noms et du signalement de ceux qui en sont les auteurs, et de ceux de leurs complices, surtout lorsqu'ils n'ont point encore été arrêtés, et qu'il y a lieu d'en faire la recherche à Paris, recherche pour laquelle le magistrat donne aussitôt les ordres nécessaires. Ils lui font part des jugements rendus contre les coupables et des déclarations qu'ils ont pu faire à la mort contre ceux de leurs complices dont jusque là on n'avait point eu de connaissance.

### § 6. — *Travail particulier du magistrat. — Ses bureaux pour l'expédition des affaires de la police.*

Il est facile de juger, par l'idée que l'on a donnée jusqu'ici des détails de la place du magistrat, de l'étendue du travail qui en est

1. Sans doute il faudrait lire : *arrivés dans les provinces, de l'état des récoltes...*

la suite nécessaire. Aucun de ces détails, quel qu'il soit, ne lui échappe; son attention les saisit tous sans exception; il connaît chaque affaire dans toute son étendue; c'est lui seul qui donne toutes les décisions et tous les ordres qui paraissent sous son nom; il examine tous les mémoires, placets, toutes les demandes, tous les avis et les rapports qui lui sont adressés; il lit toutes les lettres qui lui sont écrites; il n'en reste point sans réponse et il n'y a aucune de ces réponses qui ne soit la sienne[1].

L'ordre admirable qui règne dans ce travail est sans doute la seule chose qui puisse en faire concevoir la possibilité, la célérité, l'exactitude et la précision, surtout en considérant que ce même travail n'occupe qu'une partie assez peu considérable du temps du magistrat, obligé de donner tout le surplus au public et à tous les autres soins de sa place.

Les parties de la police étant séparées et distinctes, toutes les affaires qui regardent son administration sont distribuées en six bureaux, à la tête de chacun desquels est un chef ou principal commis qui a sous lui plusieurs autres premiers commis qui ont chacun leur partie.

L'un de ces bureaux, qui est celui du cabinet, réunit tous les mémoires, placets, lettres et autres pièces qui ont été données au magistrat et qu'il a vues d'abord, et c'est de ce bureau, où ils sont mis dans le premier ordre qui leur convient, qu'ils passent aux différents chefs des autres bureaux, en conséquence du renvoi que le magistrat en fait marquer lui-même, en sa présence, par son secrétaire, sur les pièces mêmes, à mesure qu'elles passent sous ses yeux.

Chaque chef examine les papiers que le magistrat lui a renvoyés, et sur lesquels est noté ce qui doit être fait, et les distribue ensuite aux commis de son département suivant ce qui concerne chacun d'eux, afin qu'ils fassent les expéditions nécessaires. Lorsque ces expéditions sont faites, ils les remettent au même chef, qui en prend lecture et les porte ensuite au magistrat qui les revoit lui-même avec lui et les signe.

1. « M. de Sartine notait de sa main les rapports tenus comme faux et suspects. On les faisait vérifier par des commissaires retirés et des inspecteurs de police vétérans, ou bien encore par des surnuméraires. Dans les affaires délicates, on sortait de ce cercle en s'adressant à des personnes discrètes et honorables. » *Souvenirs historiques de Le Noir*, publiés par Peuchet : Mémoires tirés des archives de la police, tome III, p. 35.

Ces expéditions consistent dans tous les ordres et les décisions du magistrat, dans les lettres qu'il a écrites ou les réponses qu'il a faites sur toutes les affaires relatives à son administration.

Lorsque ces affaires sont entièrement terminées, les papiers qui en dépendent sont mis dans un dépôt général qui est chez le magistrat, de la garde et de l'arrangement duquel un de ses commis est chargé. Le dossier de chaque affaire est noté dans un registre ou répertoire destiné à cet usage, afin de procurer au magistrat, dans quelque temps que ce soit et sur le champ, les éclaircissements qu'il peut avoir à prendre sur ces pièces. Il y a encore plusieurs registres pour servir de mémorial à la police, entre autres un qui contient les noms de tous ceux qui ont été emprisonnés ou renfermés dans les hôpitaux pour faits de police. — Un autre, qui contient les noms de tous ceux qui ont été arrêtés pour vol ou autres crimes, et sur lequel il est fait mention de leur jugement et exécution. — Un autre où sont inscrits tous ceux qui sont renfermés de l'ordre du roi dans différentes maisons de force, soit de l'autorité du gouvernement, soit à la réquisition des particuliers. — Un autre contenant des notes sur les gens dont la conduite est mauvaise ou suspecte et dans le cas d'attirer l'attention de la police; tels sont, par exemple, ceux à qui l'on ne connaît d'autres ressources que celles qu'ils tirent de leurs intrigues, et ceux qui fréquentent de mauvaises compagnies.

Ces registres sont tenus dans l'ordre chronologique et alphabétique, pour faciliter les recherches dont le magistrat peut avoir besoin.

### ARTICLE SECOND. — DES COMMISSAIRES.

La manutention et les soins ordinaires de la police, à Paris, sont entièrement confiés aux commissaires. Ils suppléent, en cette partie, le magistrat et le multiplient en quelque manière dans toute la ville. Les lois qui déterminent leurs fonctions leur attribuent, pour les exercer, un pouvoir semblable au sien. Ils participent également à l'administration de la justice civile et criminelle; en un mot, ils sont les aides et coopérateurs des magistrats, et remplissent à leur place les différentes parties auxquelles l'étendue et l'importance de celles qu'ils embrassent ne leur permettraient pas de s'appliquer. Par rapport à la police, ils sont chargés de faire exécuter les ordonnances et les règlements qui la concernent, de veiller au bon ordre, et généralement à tout ce qui intéresse le bien public, de donner connaissance au magistrat des abus et des désordres auxquels il est nécessaire qu'il remédie personnellement de son autorité. Ils sont les premiers juges des contraventions; c'est sur leur seul rapport que le magistrat prononce les peines portées par les ordonnances et les règlements; ils pourvoient provisoirement à ce qui est instant ou en réfèrent au magistrat dans les circonstances où il est nécessaire qu'il décide lui-même sur le champ.

Ce sont eux seuls qui font les premières procédures d'instruction en matière criminelle, qui constatent les crimes et délits, entendent les témoins, font le premier interrogatoire des accusés qu'ils font arrêter ou qui sont traduits devant eux, qui ordonnent après cet interrogatoire leur emprisonnement ou leur liberté.

### § 1. — *Quel est le nombre et quelles sont les fonctions des commissaires de quartiers? (question 4°).*

La ville de Paris, compris les faubourgs, est divisée en 20 quartiers dans lesquels les commissaires, au nombre de 48, sont distribués, pour y exercer la police sous le magistrat.

Les quartiers sont partagés en deux ou trois départements, suivant leur étendue ou la quantité d'habitants qu'ils renferment, en sorte que chaque commissaire a son département particulier qui lui est assigné par le magistrat et dans lequel il est obligé de demeurer.

Cette distribution a pour objet de les mettre en état de veiller plus particulièrement et plus facilement à tout ce qui intéresse la police dans l'étendue de ces départements, et d'y pourvoir avec plus de célérité, et afin que, de leur côté, les habitants de ces mêmes départements puissent recourir plus aisément à eux pour en obtenir la justice et les secours dont ils peuvent avoir besoin. Mais cette distribution n'empêche point qu'ils exercent leurs fonctions dans toute l'étendue de leurs quartiers sans distinction de département; et, en effet, ils les y remplissent concurremment, avec un pouvoir absolument égal, et indépendamment les uns des autres.

La même concurrence est établie entre eux dans toute la ville par rapport aux cas instants et imprévus dans lesquels leur ministère est requis. S'il arrive un incendie ou quelque autre événement considérable, le premier qui en est averti se rend aussitôt sur les lieux, à quelque éloignement que ce puisse être, pour y faire ses fonctions. Il est très-commun d'en voir arriver plusieurs successivement pour la même affaire; mais ils se retirent lorsqu'ils y trouvent un de leurs collègues, à moins que les opérations ne soient d'espèce et d'étendue à exiger qu'ils lui prêtent leur assistance et leur secours, ce qui se pratique particulièrement dans les grands incendies et autres événements considérables où un seul ne pourrait pas donner tous les ordres et apporter tous les soins convenables; mais quoique ils agissent alors conjointement, c'est toujours au nom et pour ainsi dire sous la direction de celui qui est venu le premier.

Le commissaire qui a le premier département dans chaque quartier, a cependant un district plus considérable que les autres pour la police. C'est lui qui a la correspondance principale avec le magistrat pour ce qui concerne les détails relatifs à ce même quartier. Le magistrat lui adresse tous les ordres qu'il juge à propos d'y faire exécuter, les avis qu'il a reçus, les rapports qui lui ont été faits par les inspecteurs et autres sur les différents objets de la police, pour qu'il fasse ce qui est nécessaire suivant l'exigence des cas. C'est à lui, pareillement, que le magistrat fait passer les mémoires, placets, qui lui ont été adressés par les habitants de ce même quartier ou qui peuvent les concerner, pour entrer dans l'examen des affaires dont il s'agit, et, en lui rendant compte, donner son avis sur le parti qu'il convient de prendre dans les circonstances qu'elles présentent.

### § 2. — *Fonctions générales des commissaires ; soins et détails qui les concernent.*

Il serait difficile de rapporter en détail toutes les fonctions des commissaires, par rapport à la police. Tout ce qui tombe sous la juridiction du magistrat, tout ce qui est soumis à ses décisions et à son tribunal est l'objet de leurs soins et la matière de leur inspection. Ce sont eux, aux termes des règlements, qui doivent avoir la première connaissance de toutes les affaires qui la concernent, et toutes les fois que le magistrat rend des ordonnances, ces mêmes ordonnances leur en renvoient toujours l'exécution.

On ne peut donc donner ici qu'une notion générale de ces fonctions; mais comme il est impossible de les faire connaître sans en faire l'application aux objets mêmes auxquels elles se rapportent, on ne pourra éviter de tomber dans quelques répétitions, par rapport à ce que l'on a déjà dit dans la première partie pour donner d'abord une idée générale de ces objets. Au reste, présentés ici une seconde fois et dans un point de vue plus rapproché, ils serviront encore à développer et à mettre dans un plus grand jour les détails de la police de Paris, en même temps qu'ils en rendront la manutention plus facile à saisir.

### 1° La religion.

Suivant l'ordre des objets qui concernent la police, la religion est le premier auquel les commissaires doivent apporter tous leurs soins. C'est à eux à tenir la main à ce que les dimanches et fêtes soient religieusement observés; à ce que tout commerce et autres œuvres serviles cessent dans ces jours consacrés à Dieu; à ce que les cabarets, les bateleurs et autres spectacles publics soient fermés pendant le service divin.

Lorsqu'il arrive quelques irrévérences notables, quelques profanations, ou quelque trouble ou scandale dans les églises, c'est à eux à les constater par une instruction juridique, ou d'office, ou en vertu de l'ordonnance du magistrat, qui les commet à cet effet. Si les coupables sont arrêtés sur le fait, ils sont aussitôt conduits devant eux; ils les interrogent et les envoient en prison suivant la nature et la gravité de l'action, et les autres circonstances des temps, des lieux et des personnes. Il en est de même de tous les autres crimes, désordres et scandales qui intéressent la religion.

Ils tiennent la main à ce que le commerce des viandes cesse pendant le carême; qu'il n'en soit vendu qu'aux boucheries destinées pour les infirmes; ils visitent les hôtelleries, auberges, cabarets, pour examiner si l'on y observe l'abstinence; ils ont soin que les rues soient tendues, et qu'il ne s'y passe rien contre la sûreté, la tranquillité et la décence pendant les processions générales.

La recherche de tous les livres ou libelles imprimés et distribués contre la religion les concerne également. Ils sont autorisés, lorsqu'ils en ont avis, à faire des visites, à cet effet, chez les imprimeurs, libraires, colporteurs et autres qu'ils apprennent en faire l'impression ou le débit, à les faire saisir en leur présence, pour ensuite en être par le magistrat, sur leur rapport, ordonné la suppression. Lorsque les colporteurs de ces livres sont surpris et arrêtés en les distribuant, ils sont conduits devant les commissaires qui, après les avoir interrogés, ordonnent leur emprisonnement.

### 2° Les mœurs.

La discipline des mœurs, qui est le second objet de la police, est encore de l'office des commissaires. Elle comprend l'exécution de tous les édits et règlements au sujet du luxe, des spectacles autorisés ou non autorisés; les chansons et libelles dissolus; l'exposition publique des tableaux, estampes, gravures indécentes, et généralement tout ce qui est contre nos bonnes mœurs; les jeux illicites, les lieux[1] de débauche et de prostitution.

Leurs fonctions, à cet égard, consistent à recevoir les plaintes, avis ou dénonciations, à se transporter sur les lieux, lorsque le cas le requiert, à dresser des procès-verbaux, rendre leurs ordonnances contre ceux qui sont en contravention, ordonner leur emprisonnement, s'il y a lieu, ou en faire leur rapport au tribunal du magistrat.

### 3° Les vivres.

A l'égard des vivres, les deux points principaux à observer sont : 1° d'en procurer l'abondance; 2° de maintenir la bonne foi dans les gens qui en font le commerce; d'où il s'ensuivra toujours qu'ils seront à juste prix et de bonne qualité.

Pour le premier point, les commissaires doivent veiller à ce qu'il ne s'en fasse point de magasins excessifs; qu'ils soient amenés immédiatement aux marchés sans être déchargés, marchandés ou vendus en chemin ni ailleurs; empêcher les regrats, les arrhements, les sociétés illicites, les monopoles, les enlèvements ou resserrages des marchandises exposées dans les marchés et qui doivent y être vendues ou dans le même jour ou dans le temps prescrit par les règlements, et les augmentations de prix du matin à l'après-midi; qu'en général les denrées ne soient pas vendues au-dessus du prix courant ou de la taxe qui en a été faite par le magistrat.

1. Il y a dans le texte les *jeux*, mais c'est une erreur de copiste.

Par rapport au second point, il est de leurs soins de prévenir, autant qu'il est possible, le débit des vivres de mauvaise qualité, corrompus, altérés, falsifiés; tout cela exige une grande attention de la part des commissaires, qu'ils fassent des visites dans les marchés, chez les boulangers, cabaretiers et autres gens qui débitent les vivres; qu'ils fassent peser le pain, qu'ils examinent si les poids sont justes et étalonnés; qu'ils constatent les contraventions; fassent saisir les marchandises et autres choses qui sont contre la règle; enlever et jeter les vivres corrompus. A l'égard du pain vendu à faux poids, qu'ils le fassent confisquer et distribuer sur le champ aux pauvres des paroisses ou des hôpitaux, et faire le rapport des contraventions au tribunal du magistrat, pour que ceux qui s'en sont rendus coupables soient condamnés aux peines portées par les ordonnances.

Ils doivent apporter tous ces soins avec encore plus d'exactitude et d'assiduité dans les temps de disette; ajouter même de nouvelles précautions et d'autres mesures à celles qui sont portées par les règlements et que les circonstances peuvent rendre nécessaires. Mais en même temps ils doivent, dans ces instants difficiles, user de toute la prudence possible dans leurs opérations, et en exerçant la plus sévère justice, éviter l'éclat quelquefois dangereux du moment, et tout ce qui pourrait tendre à alarmer le peuple ou l'exciter contre ceux qu'ils punissent. Ainsi, par rapport aux boulangers surtout, ils doivent constater leurs contraventions le plus secrètement qu'il est possible. Il doit y avoir dans les marchés des gens inconnus préposés pour examiner ce qui se passe et en rendre compte sur le champ au commissaire qui a la première inspection du quartier, ou à son défaut au plus prochain qui se trouve chez lui, des moindres circonstances qui peuvent exciter des plaintes ou le plus léger mouvement. Le commissaire s'y transporte, si cela est absolument nécessaire, ou mande chez lui à l'instant même le boulanger qui peut être en faute et les personnes qui se plaignent, et statue aussitôt sur la contravention ou les difficultés qui se sont élevées.

S'il est obligé de se transporter, qu'il s'aperçoive qu'il y a de la fermentation dans l'esprit du peuple, il doit employer tout ce qu'il croit capable de le calmer et de le tranquilliser. C'est sa prudence et la nature des circonstances qui doivent déterminer sa conduite dans ces occasions.

Lorsqu'il y a disette de grains ou autres denrées d'un usage ordinaire et indispensable, et que cette disette vient de la cupidité et des manœuvres de ceux qui en font des magasins dans les provinces ou autres endroits éloignés, ce sont les commissaires qui sont chargés par des commissions expresses du magistrat ou de l'ordre du roi qu'il leur adresse, de se transporter sur les lieux, de faire ouvrir les greniers et magasins, saisir ce qui s'y trouve, faire toutes les recherches et perquisitions, procès-verbaux et informations nécessaires. Les preuves établies, ils en réfèrent au magistrat pour y être par lui pourvu. Ils sont même chargés par provision de faire transporter les grains dans les marchés, et font distribuer aux pauvres les grains qui sont confisqués par les sentences et ordonnances que le magistrat a rendues sur leurs rapports.

### 4° La santé.

Par rapport à la santé publique il y a deux sortes de soins, les uns de simple précaution, qui sont de tous les temps, les autres qui consistent dans les remèdes qui sont en usage quand les maux sont arrivés.

La salubrité de l'air, la pureté des eaux, la bonté des aliments et des remèdes sont les objets ordinaires et immédiats des soins des commissaires.

Ils sont chargés, en conséquence, de veiller au nettoiement des rues et à l'écoulement des inondations et amas d'eaux qui peuvent se corrompre par un long séjour; de faire de fréquentes visites dans les rues pour voir si les habitants et les entrepreneurs chargés de l'enlèvement des immondices se conforment à ce qui leur est prescrit, de se transporter dans les maisons pour obliger ceux qui les occupent ou à qui elles appartiennent d'y entretenir la propreté, d'y avoir des latrines, de nettoyer les puits, de faire vider leurs caves lorsqu'elles sont remplies par des inondations et qu'elles séjournent trop longtemps; à ce qu'ils ne nourrissent chez eux des porcs, lapins, volailles et autres animaux qui peuvent infecter les maisons; à ce que les porteurs d'eau ne puisent, surtout pendant les chaleurs, dans les endroits de la rivière où il se fait des atterrissements et où l'eau croupit, et en tout temps au-dessous des bateaux à lessive et de ceux où les teinturiers dégorgent leurs teintures; à ce que les bouchers et autres gens qui ont des tueries et qui sont obligés d'avoir chez eux des bestiaux vivants pour la consommation publique, tiennent ces endroits nets, qu'ils ne laissent point couler le sang dans les rues, et le fassent porter, ainsi que leur fumier et leurs immondices, hors de la ville, dans les endroits destinés à leur dépôt.

Quant aux aliments et au besoin de toute espèce[1], ils exercent l'inspection la plus étendue et la plus immédiate relativement à leur qualité sur tous ceux qui les débitent et les composent.

Il est aussi de l'office des commissaires d'empêcher le débit des remèdes inconnus, dont la distribution n'est point autorisée, et que personne ne professe la médecine, la chirurgie, la pharmacie, la chimie, sans qualité ou sans une permission expresse du magistrat.

Dans les temps de contagion, qui exigent des soins extraordinaires, il est de l'office des commissaires de tenir la main et de veiller à ce que toutes les précautions nécessaires pour éviter la communication des personnes saines avec celles qui ont le malheur d'être frappées de ce fléau terrible, et les mesures qui sont à prendre pour le faire cesser, soient observées avec la dernière exactitude, ainsi que les ordres qu'ils ont à donner dans ces temps de calamités.

### 5° La sûreté.

La sûreté étant une des parties les plus importantes et les plus étendues de la police est aussi un des objets les plus ordinaires des soins des commissaires.

Ces soins sont de deux espèces : les uns consistent à prévenir les crimes, à les constater et à mettre la justice en état de punir les coupables; les autres à prendre toutes les mesures possibles pour empêcher les accidents qui peuvent menacer la vie des citoyens.

A l'égard des meurtres, il y a été pourvu par la défense d'aller dans la ville, soit la nuit, soit le jour, avec des armes prohibées, telles que pistolets, poignards, bayonnettes et autres de pareille nature; même aux marchands de vendre des poignards et autres armes et instruments approchant de la même forme dont l'usage est totalement interdit par la même raison.

Les commissaires font des visites chez ces marchands, font sai-

1. Il doit y avoir ici une faute de copie, peut-être une ligne omise.

sir ces sortes d'armes, excepté les pistolets de la longueur prescrite, et ensuite font leur rapport au magistrat, pour en être par lui ordonné suivant ce qui est porté par les ordonnances.

Les aubergistes et logeurs tenant des maisons et hôtels garnis sont tenus d'avoir des registres signés des commissaires de leur département, sans la permission desquels personne ne peut faire cette espèce de profession à Paris; d'inscrire sur ces registres, jour par jour, ceux qui viennent loger chez eux par noms, qualités, demeures et résidence ordinaire, et y faire mention des causes pour lesquelles ils sont à Paris; de ce qu'ils y font ou veulent y faire. Si les personnes refusent de leur donner ces détails ou qu'ils paraissent user de quelque détour ou déguisement à cet égard, ils doivent en instruire les commissaires, qui alors prennent des mesures convenables pour savoir quelles sont véritablement ces personnes et les faire même arrêter s'il y a lieu.

Il leur est encore enjoint de porter leur registre le 1er de chaque mois au commissaire dans le département duquel ils sont établis, lequel vise ces registres et prend l'état des personnes qui sont arrivées chez ces logeurs pendant le cours du mois qui a précédé; il fait faire un double de cet état qu'il envoie au magistrat. Indépendamment de ces précautions essentielles, moyennant lesquelles le magistrat a connaissance généralement de tous ceux qui ne sont à Paris qu'en passant, les commissaires font encore des visites la nuit dans ces sortes de maisons pour les interroger, savoir plus particulièrement ce qu'ils font, quels sont leurs pays, leurs relations, leurs connaissances dans la capitale, leurs facultés; et pour faire arrêter et envoyer en prison ceux qui sont reconnus pour malfaiteurs, vagabonds, gens sans aveu et suspects.

Ils tiennent la main à tous les autres règlements relatifs à la sûreté publique, du nombre desquels sont principalement ceux qui concernent les tabagies, académies de jeu et lieux de débauche; les défenses aux laquais de porter l'épée, et même des cannes ou bâtons; l'interdiction de la mendicité; les injonctions aux orfèvres, potiers d'étain, plombiers, fripiers et autres faisant la profession d'acheter de vieux effets, ou des effets appelés de hasard, pour revendre, d'avoir des livres aussi signés des commissaires pour écrire leurs achats; les défenses d'en acheter de gens inconnus et suspects, sans s'être informés exactement des personnes qui veulent les vendre et s'ils leur appartiennent, avec injonction de retenir les effets suspects, de faire arrêter les personnes qui les présentent et de les faire conduire chez un commissaire pour en être ordonné suivant les circonstances.

Les commissaires font pareillement des visites chez ces sortes de marchands, lorsqu'ils ont avis qu'ils n'inscrivent point les marchandises de hasard qu'ils achètent, ou pour y faire perquisition des effets volés dont les déclarations leur ont été faites avec dénonciation qu'ils ont été achetés par ces marchands.

Ils sont également chargés de faire observer les ordonnances concernant les assemblées des libertins et vagabonds qui se réunissent pour jouer, et les autres attroupements défendus dans les rues et places publiques; les défenses aux soldats de se travestir sous d'autres habits que ceux d'ordonnance, à moins qu'ils n'exercent, en ayant la permission, quelque métier ou profession dans la ville, auquel cas il leur est défendu de porter l'épée sans leur uniforme; les défenses aux masques pendant le carnaval de porter des armes; l'injonction aux cabaretiers, limonadiers et autres tenant des maisons publiques de n'avoir ni retirer personne chez eux passé les heures qui leur sont prescrites, d'empêcher qu'il n'arrive des violences chez eux, et en cas de querelles d'appeler sur le champ la garde, qui doit conduire les plaignants et ceux qu'elle arrête devant un commissaire, pour être par lui ordonné ce qui est convenable; aux chirurgiens de faire exactement leurs déclarations aux commissaires des blessés qu'ils auront pansés.

Pour la sûreté de la nuit, outre la garde qui se fait à Paris, les bourgeois sont obligés de tenir leurs maisons fermées après dix heures du soir; les soldats de se retirer à leurs casernes auparavant, et de n'en plus sortir après la retraite battue sans une permission expresse de leurs officiers.

Les lois de la police ont aussi pourvu à tout ce qu'il était possible de prévoir pour éviter les simples accidents par les défenses de laisser vaguer dans les rues les porcs ou autres animaux qui peuvent blesser les passants; aux charretiers ou autres qui conduisent toutes sortes de voitures d'abandonner ou de faire courir leurs chevaux ou mulets; les injonctions de conduire à pied, leurs harnais[1] ou d'avoir des guides suffisant pour les gouverner; les défenses aux cochers de ne point excéder le train ordinaire des équipages qu'ils conduisent; aux marchands de chevaux de les essayer et faire courir dans les

1. Il manque probablement ici quelques mots.

rues; les défenses de tenir les puits et regards qui sont dans les rues découverts, et les trappes des caves qui sont à l'entrée des maisons ouvertes; de tirer de l'arc, jouer au mail, à la paume, au volant et de faire tout autre exercice dans les rues, places publiques et autres endroits fréquentés; de tirer des armes à feu, boîtes, pétards, fusées et artifices dans Paris; de mettre des pots de fleurs, caisses et cages sur les fenêtres ou autres endroits élevés, qui par leur chute pourraient blesser ceux qui passent dans les rues; les injonctions de faire cesser les périls imminents des bâtiments et édifices; aux maçons, couvreurs, charpentiers et autres ouvriers de prendre lorsqu'ils travaillent toutes les précautions nécessaires pour que ceux qui vont et viennent soient avertis du danger qu'il peut y avoir de passer devant les bâtiments auxquels ils travaillent, les défenses qui leur sont faites de démolir la nuit, de placer leurs matériaux dans les rues partout ailleurs qu'aux endroits où les commissaires le leur permettent, et sans exception à toutes personnes d'embarrasser ou faire embarrasser la voie publique le jour et la nuit.

Le soin de veiller à l'exécution des réglements qui renferment des dispositions sur tous ces objets, et de punir ou faire punir toutes les contraventions qui y sont commises est entièrement de l'office des commissaires. Ce sont eux qui reçoivent toutes les plaintes et dénonciations des crimes, délits, tant en matière de police qu'en matière criminelle et toutes les plaintes des particuliers qui se pourvoient personnellement en justice pour avoir réparation des torts et griefs qu'ils ont soufferts; ce sont eux seuls qui constatent et qui font les informations juridiques qui doivent en établir les preuves nécessaires.

Dès qu'un crime parvient à la connaissance d'un commissaire, et que le corps de délit est existant, il doit d'office, sans attendre qu'il y ait même de partie plaignante ni de dénonciation en forme, se transporter sur le lieu, si cela est nécessaire, informer, faire arrêter les coupables si faire se peut, les interroger et envoyer en prison, faire enfin toute la procédure d'instruction qui concerne son ministère pour mettre les juges en état de parfaire le procès aux coupables.

La garde et les officiers de police chargés de veiller à la sûreté et au bon ordre ne peuvent conduire que devant les commissaires tous ceux qu'ils arrêtent pour crimes et désordres de quelque nature qu'ils soient, et quelles que soient aussi les personnes qui ont commis des délits; c'est aussi aux commissaires seuls à en prendre la première connaissance et à statuer provisoirement suivant l'exigence des cas et les dispositions des lois et ordonnances.

La garde et les officiers de police sont également tenus d'obéir aux commissaires, de leur prêter main forte toutes les fois qu'ils en ont besoin, et d'exécuter leurs ordres et ordonnances.

### 6° La voirie.

La police de la voirie demande aux commissaires deux sortes de soins : les uns regardent les bâtiments ou édifices, les autres ont pour objet les rues ou places publiques.

Pour les bâtiments, tout se réduit à empêcher les mauvaises constructions des nouveaux, lorsqu'ils viennent à leur connaissance, et à faire cesser les périls imminents des anciens. Ils doivent surtout à l'égard des bâtiments nouveaux prendre toutes les précautions nécessaires contre les accidents du feu. Lorsqu'ils ont constaté ces défauts par des procès-verbaux qu'ils dressent sur les lieux, ils font assigner à la requête du procureur du roi les propriétaires ou entrepreneurs devant le magistrat, qui ordonne d'abord sur leur rapport la visite des bâtiments par un architecte qu'il commet à cet effet comme expert dans l'art des bâtiments. Cette visite faite, les commissaires font assigner de nouveau ceux qui l'avaient déjà été, et sur un nouveau rapport qu'ils font au magistrat de ce qu'il résulte de cette visite, intervient sentence définitive qui statue s'il y a lieu ou non à la démolition ou aux réparations des bâtiments.

Quant aux rues, il est du soin des commissaires de faire exécuter les ordonnances et règlements concernant la propreté, la commodité et la sûreté. Ainsi ils doivent veiller à ce que tous les habitants, sans aucune distinction, s'acquittent des obligations qui leur sont imposées par rapport au nettoiement; sur les entrepreneurs chargés de l'enlèvement des ordures et immondices, des vidanges des fosses d'aisance par les vidangeurs, qui ne peuvent d'ailleurs faire leur travail que la nuit, et ne peuvent laisser couler les eaux des fosses dans les rues sans la permission des commissaires, qui ne l'accordent que sur le compte qui leur est rendu par les inspecteurs de police chargés d'en faire la visite qu'elles contiennent effectivement des eaux; sur les maçons, tenus de faire transporter exactement hors de la ville les graviers de leurs démolitions. Sur les bouchers, à qui il est défendu de laisser dans les ruisseaux le sang de leurs tueries, qui s'échauffant et se corrompant pourrait répandre dans l'air de la putréfaction ou de la mauvaise odeur, et qui doivent recueillir ce sang avec les tripailles et autres ordures de leurs abattis, et les faire transporter aussi hors de la ville, dans les voiries qui servent au dépôt des immondices. Empêcher les bourgeois de jeter par les fenêtres leurs eaux et ordures, de porter et jeter dans les rues aucunes choses qui puissent les infecter. Faire retirer toutes les saillies, auvents, étalages et enseignes de boutiques, échoppes; les bois et matériaux de toute espèce, autres que ceux qu'ils ont permis d'y déposer; en un mot tout ce qui avance trop sur la rue, qui en occupe le passage, et tout ce qui peut nuire à la liberté et commodité publiques.

### 7° Les sciences et arts libéraux.

Pour les sciences et les arts libéraux, c'est aussi aux commissaires de veiller à ce qu'il ne s'imprime et ne se débite aucun ouvrage sans approbation, privilége ou permission, et surtout qu'il ne s'en répande point de contraire à la religion, à l'État, aux bonnes mœurs, au respect dû aux puissances et aux personnes constituées en dignité; que dans leur quartier il ne s'ouvre et ne se tienne aucunes académies ou conférence publiques sur les sciences ou arts, que par des personnes qui y soient autorisées par leur état ou par l'approbation ou permission du magistrat.

Enfin, lorsqu'il arrive quelques désordres dans les colléges, écoles ou autres endroits où l'on professe les sciences, c'est à eux que les plaintes en sont portées, pour y être pourvu sur le champ si le cas est provisoire[1], ou autrement par le magistrat, qu'ils en informent ou à qui ils en réfèrent.

### 8° Le commerce et les arts mécaniques.

Le commerce et les arts mécaniques demandent encore de grands soins, dont l'objet est de procurer l'abondance, et d'y maintenir la bonne foi, l'ordre et la discipline.

1. C'est-à-dire de ceux où le commissaire peut statuer provisoirement.

Les chefs des différents corps et communautés de commerce et d'arts mécaniques, sous les titres de syndics, gardes et jurés, sont préposés pour y tenir la main. Ils font seuls à cet effet leurs visites chez les marchands et maîtres de leurs corps; mais lorsqu'ils y trouvent des contraventions notables, et que le maître qui est visité s'oppose à cette visite, ils ont recours à un commissaire qui s'y transporte, entend les parties et autorise les syndics, gardes et jurés à remplir leurs charges en sa présence. Dans toutes les visites qu'ils font chez des gens qui entreprennent sur leurs professions, soit qu'ils dépendent d'une communauté différente, ou qu'ils ne soient que de simples ouvriers sans maîtrise, ils ne peuvent faire ces visites qu'en présence d'un commissaire, lequel dresse procès-verbal des contraventions et des contestations d'entre les parties qu'il renvoie devant le magistrat pour y pourvoir.

Mais outre cette discipline des corps et communautés, les commissaires sont chargés d'office à cet égard de plusieurs autres soins. Ce sont eux qui ont pour le magistrat l'inspection des poids et mesures servant au commerce, qui constatent les fraudes qui peuvent être pratiquées à cet égard par les marchands et ouvriers de toute espèce qui abusent de la foi publique, et qui les font punir sur leur rapport au tribunal du magistrat.

Lorsque quelqu'un a été trompé, en achetant quelque marchandise, sur la quantité, la mesure ou le poids, c'est à un commissaire que l'on en porte ses plaintes. Il mande chez lui le marchand ou l'ouvrier, entend ce qu'il a à dire pour sa défense, lui fait restituer ce qu'il a reçu injustement, se transporte chez lui, s'il y a lieu, à l'effet de constater sa contravention, faire saisir les poids et mesures non étalonnés, et même les marchandises qui sont d'espèce à être vendues à poids, mesures et quantités déterminées et sur la fidélité desquels poids, mesures et quantités il est d'usage de s'en rapporter au marchand, et dresse du tout procès-verbal. Si ce sont des choses sujettes à dépérissement prochain et qui ne peuvent se garder, il les confisque au profit de la charité des paroisses, ou les fait distribuer sur le champ aux pauvres qui se présentent, fait assigner le contrevenant devant le magistrat pour subir le jugement qui doit être prononcé contre lui.

### 9° Manouvriers, serviteurs et domestiques.

L'exécution des ordonnances concernant la police et la discipline générale de ces sortes de gens est confiée de même aux commissaires. Ces ordonnances ont pour objet la sûreté publique, le repos des maîtres, la protection due aux gens de bien réduits à la servitude, le paiement de leurs salaires, le maintien de la subordination à laquelle ils sont assujettis.

### 10° Police des pauvres.

A l'égard de la police des pauvres, ce qui regarde les commissaires consiste à tenir la main, dans leurs quartiers, à l'exécution des lois concernant la mendicité, à informer contre les valides qui ne mendient que par libertinage ou par fainéantise et à les faire arrêter et emprisonner.

Les commissaires font aussi porter aux hôpitaux des malades ceux qu'ils apprennent être abandonnés et hors d'état de se procurer les secours dont ils ont besoin.

Ils envoient de même à la crèche des enfants trouvés tous les enfants qui leur sont présentés comme tels. Enfin ils emploient leur crédit auprès du magistrat pour le soulagement des pauvres honteux de leur quartier qui viennent leur découvrir leur misère et leur faire confidence de leurs besoins. Le magistrat, toujours prêt à tendre une main secourable aux malheureux dont il est le premier protecteur, a plus d'une fois en pareille occasion soutenu des familles prêtes à périr. C'est lui qui est le dispensateur des bienfaits que le roi accorde aux pauvres honteux des paroisses de Paris; c'est à lui que les curés s'adressent dans les temps difficiles, pour qu'il obtienne des bontés de Sa Majesté les soulagements dont ils ont besoin pour ces mêmes pauvres.

Telles sont en général les fonctions et les soins des commissaires relativement à l'ordre public. Pour donner au surplus une idée aussi complète qu'elle puisse être de l'étendue et des détails de leur manutention, il est nécessaire d'observer qu'il n'y a point de circonstances dans lesquelles l'ordre général, l'intérêt public et particulier se trouvent blessés et où il s'agisse d'apporter un remède actuel où le ministère des commissaires ne doive être indispensablement employé; que s'il arrive un meurtre, un vol, un assassinat, un incendie, un accident, une rixe, une querelle, enfin le moindre désordre; si quelqu'un a à se plaindre d'avoir souffert quelque tort dont la réparation soit l'affaire du moment, d'avoir été maltraité, insulté, injurié, menacé, c'est aux commissaires que l'on doit avoir recours; dans tous ces différents cas, c'est la première pensée qui vient à l'esprit, c'est la seule chose que l'on ait à faire pour avoir justice sur le champ.

Ainsi les maisons des commissaires sont à cet égard comme autant de tribunaux érigés dans Paris, où les citoyens de tous les ordres trouvent la nuit comme le jour tous les secours et la protection que l'autorité publique pouvait établir en leur faveur. Toujours prêts à les entendre, les commissaires ne les renvoient point sans satisfaire à leurs demandes, sans régler leurs différents, ou sans faire tout ce qui peut dépendre d'eux pour les concilier et mettre fin à leurs discussions.

Cette justice prompte et sommaire, qu'ils leur rendent gratuitement et sans cesse, doit être regardée comme une des causes qui contribuent principalement au bon ordre et à cette tranquillité étonnante qui règnent à Paris; elle maintient la bonne foi dans le commerce et l'usage des choses les plus communes et les plus nécessaires; les gens du peuple, et par conséquent les plus pauvres citoyens[1], y trouvent le plus grand soulagement; elle assure le paiement de leurs salaires; ils ne connaissent point d'autres juges des difficultés ou des contestations qui s'élèvent à ce sujet; des débats et des querelles qui peuvent naître entre eux; des plaintes qu'ils peuvent avoir à faire les uns contre les autres; assurés de trouver auprès des commissaires l'accès le plus facile et la plus grande attention à leurs plaintes, ils s'y rendent avec empressement. Cette idée arrête ou modère dans la plupart des occasions l'emportement naturel à ces gens grossiers; elle empêche la fréquence des voies de fait de leur part, et les suites souvent malheureuses qu'elles pourraient avoir; enfin elle les tient habituellement, sans qu'ils s'en aperçoivent, sous le joug de la subordination et de l'obéissance si nécessaires pour les gouverner.

Le magistrat renvoie aussi aux commissaires toutes les plaintes qui lui sont portées directement par les particuliers, soit pour notifier aux parties les décisions qu'il a portées sur leur avis, ou pour y pourvoir eux-mêmes suivant leur prudence.

Ils ont le droit de mander chez eux ceux contre lesquels il a été porté des plaintes, ainsi que ceux qu'ils apprennent mener une conduite répréhensible; de leur faire les réprimandes, les injonc-

---

1. Le mot est curieux sous la plume d'un aussi grand personnage, et prouve que les principes de 1789 ne datent pas tous de cette époque. Le principe d'égalité commençait à triompher de l'orgueil de caste.

tions et de leur donner les avertissements convenables suivant la nature des circonstances. Dans le cas de désobéissance, ils en rendent compte au magistrat qui punit sévèrement ceux qui ne se sont point conformés à ce qu'ils leur ont prescrit.

C'est par le moyen de cette relation perpétuelle entre les commissaires et les citoyens qu'ils sont instruits des moindres désordres et des moindres abus qui peuvent s'établir, et que le magistrat, par la connaissance qu'ils lui en donnent dans tous les cas où il est nécessaire qu'il y pourvoie, est toujours en état d'y apporter le plus prompt remède.

Les ordonnances assujétissent les commissaires à une résidence absolue dans Paris, et ne leur permettent de s'absenter qu'après en avoir averti leurs collègues du même quartier, ou les plus prochains, afin que ceux-ci puissent les remplacer dans les fonctions et les soins ordinaires qui les concernent particulièrement dans leur quartier. La célérité qu'exige l'exécution des ordres que le magistrat leur adresse leur impose aussi le devoir de l'instruire de leur absence lorsqu'ils s'éloignent pour plusieurs jours.

Dans les fonctions qu'ils remplissent hors de chez eux, ils sont toujours revêtus de leur robe, qui est la même que celle de juges, et lorsqu'ils visitent les rues pour constater les contraventions des habitants aux ordonnances de police, ils sont assistés d'huissiers pour mettre leur ordonnance à exécution.

### § 3. — *Fonctions des commissaires pour l'exécution des ordres du Roi.*

Les commissaires remplacent également le magistrat pour l'exécution des ordres du roi. Ceux de ces ordres en vertu desquels il s'agit d'arrêter des personnes chez elles ou ailleurs, soit pour crimes, soit pour affaires qui peuvent concerner le gouvernement, sont toujours exécutés en présence des commissaires; mais lorsque les circonstances ne le permettent pas, les officiers chargés de faire ces captures doivent conduire les personnes arrêtées devant un commissaire, pour être interrogées s'il y a lieu. Dans l'un et l'autre de ces deux cas, le commissaire qui s'est transporté sur les lieux ou devant lequel l'officier a conduit les personnes arrêtées, constate par un procès-verbal l'exécution de ces mêmes ordres.

A l'égard des perquisitions d'effets, papiers et autres choses qui se font chez les particuliers en conséquence des ordres du roi, ces ordres sont adressés directement aux commissaires, qui sont seuls chargés de faire des perquisitions, qui apposent leurs scellés sur les papiers qui en sont l'objet, font arrêter, si le cas le requiert, ceux qui en sont trouvés saisis, leur font subir les interrogatoires nécessaires, ordonnent en conséquence des mêmes ordres et font exécuter tout ce qui est convenable dans les circonstances, lèvent quand il le faut leurs scellés, examinent les papiers, les représentent et les font reconnaître aux accusés qu'ils interrogent sur ce qu'ils contiennent, dressent de toutes ces opérations des procès-verbaux qu'ils envoient au magistrat.

§ 4. — *Départements particuliers distribués aux commissaires par le magistrat relativement à différents objets de la police et à l'administration du magistrat comme intendant de la ville de Paris.*

Le magistrat ne pouvant donner pour ainsi dire que le coup d'œil général sur cette immensité de détails qui passent continuellement devant lui, il est nécessaire qu'il soit secondé dans les soins qu'exigent les principaux objets de son administration par des personnes qui méritent toute sa confiance et par lesquelles il puisse voir et agir aussi sûrement que s'il voyait et agissait lui-même. Ces objets, qui par l'étendue des détails qu'ils renferment forment autant de branches principales de sa gestion, sont divisés en plusieurs départements distribués à autant de commissaires.

Ainsi par rapport à l'approvisionnement de Paris il y a un commissaire qui est chargé de l'inspection générale sur le commerce des grains, farines, graines, œufs, fromages, fruits, légumes, poisson d'eau douce, poisson d'eau de mer, sec et salé, et autres denrées de consommation commune dont la totalité doit être apportée d'abord à la Halle, qui est le principal marché de la capitale, où la vente s'en fait de la première main à la seconde qui les distribue et les débite ensuite dans tous les autres marchés de Paris. Il est instruit chaque jour de la quantité qui en est apportée dans ce marché, du prix qu'ils y ont été vendus, lequel règle celui de ces mêmes denrées dans tous les autres endroits de la ville où elles se débitent publiquement; il est chargé de faire observer à tous ceux qui font ce commerce les différents réglements qui les concernent, la discipline qui leur est imposée; de veiller particulièrement sur les monopoles, manœuvres et abus qu'ils peuvent exercer ou commettre au préjudice de l'intérêt public; enfin de rendre compte au magistrat de tout ce qui regarde généralement cette immense partie.

Un autre commissaire a le département du marché général des bestiaux pour les boucheries.

Un autre pour le marché particulier où se vendent toutes les espèces de volailles servant aussi à la consommation générale.

Un autre pour ce qui concerne l'approvisionnement des fourrages.

Il y a trois principaux spectacles à Paris, savoir l'Opéra, la Comédie française et la Comédie italienne. La police de chaque spectacle pour le bon ordre et la décence qui doivent y être observés est confiée à un même nombre de commissaires.

Un autre commissaire a pour département ce que l'on nomme la Bourse, qui est l'endroit où se font les négociats des effets royaux et de commerce qui ont cours dans le public; il rend compte au magistrat et au ministre des finances du prix courant de ces mêmes effets.

Le magistrat est suppléé par un commissaire pour interroger les prisonniers d'État qui sont enfermés dans les forteresses ou châteaux du roi qui sont dans Paris et aux environs.

Il y en a un autre qui est chargé du district des maisons de force pour tout ce qui concerne les personnes qui y sont enfermées de l'ordre du roi. C'est à lui que sont renvoyés les mémoires et placets présentés au magistrat, soit de la part des personnes qui demandent leur liberté ou qui sollicitent quelque soulagement dans leur captivité, soit pour les familles ou autres personnes qui prennent intérêt à celles qui sont détenues pour retarder ou accélérer leur sortie.

Un autre est chargé de la visite des prisons par rapport aux emprisonnements de police, d'examiner et interroger les prisonniers sur les causes de leur détention et sur tout ce qui peut les concerner, pour en rendre compte au magistrat qui doit prononcer leur liberté ou la peine qu'ils doivent subir.

Un autre est chargé de donner des ordres nécessaires pour l'inhumation des protestants, [et des] étrangers qui viennent mourir à Paris, et il en tient un registre, afin qu'on puisse avoir un acte authentique de leur décès.

Ce qui concerne les prêteurs sur gages et les charlatans, la police des jeux et celle des nourrices mercenaires, etc., est divisé entre différents commissaires dont chacun a les détails particuliers relatifs à l'objet qui lui est confié.

Tous ces différents départements sont donnés, autant qu'il est possible, aux commissaires des quartiers dont la situation les met le plus à portée de remplir ces différentes branches d'inspection.

### ARTICLE III. — DES INSPECTEURS DE POLICE.

§ 1. — *Quel est le nombre et quelles sont les fonctions des inspecteurs de police? (question 5°).*

Ces officiers, ainsi qu'on l'a déjà remarqué plus [haut], sont au nombre de 20 ; il y en a un dans chaque quartier. Ils sont chargés d'observer, d'examiner tout ce qui se passe dans Paris, de dénoncer aux commissaires près lesquels ils sont distribués, et à l'instant même, si le cas requiert célérité, les crimes, contraventions et désordres dont ils peuvent avoir connaissance, pour y être pourvu par les commissaires suivant l'exigence des cas. Ils en doivent rendre compte également au magistrat, ainsi que de tout ce qu'ils ont entendu dire concernant le gouvernement et les affaires publiques. Ils doivent aussi lui faire leur rapport des bruits vrais ou faux, des nouvelles qui se répandent et généralement de toutes les circonstances qui peuvent produire sensation; des discours et propos séditieux, dangereux ou contraires au respect dû à l'autorité du gouvernement et des personnes en place; faire toutes les recherches nécessaires pour en connaître les auteurs, s'attacher à découvrir ce qui se passe chez les particuliers qui, par le genre de vie ou de conduite qui les fait remarquer, peuvent être dans le cas d'attirer l'attention du magistrat.

Ils doivent se transporter journellement, chacun dans l'étendue de son quartier, dans les auberges, hôtels et maisons garnies, pour savoir ceux qui y sont logés, prendre sur les registres que tiennent les aubergistes et logeurs les noms de ceux qui sont nouvellement logés dans ces maisons ou qui en sont sortis et en envoyer aussitôt l'état au magistrat.

Ils s'informent en même temps de la conduite des particuliers qui logent dans ces sortes de maisons, et prennent tous les autres éclaircissements qui peuvent conduire à une connaissance exacte de ce qu'ils sont et de ce qu'ils font à Paris.

Cette partie du service des inspecteurs a pour objet de mettre sous les yeux du magistrat tous ceux qui sont à Paris sans état et sans domicile, de découvrir les malfaiteurs, les gens suspects et sans aveu et autres qui se retirent dans ces endroits; de connaître ceux qui ne demeurent pas ordinairement à Paris et ne s'y sont rendus que pour se mettre à l'abri des recherches que l'on peut faire ailleurs de leurs personnes; enfin de veiller sur ceux qui n'ayant de ressources que leurs intrigues ne logent dans ces maisons que pour avoir la facilité de changer plus aisément de demeure et de quartier, ou même de sortir de Paris aussitôt que les circonstances pourraient les obliger à prendre l'un ou l'autre de ces deux partis.

Les inspecteurs doivent aussi se rendre fréquemment chez les fripiers, revendeurs, brocanteurs, plombiers, potiers d'étain et autres marchands dont le commerce consiste à acheter des vieux effets pour revendre, qui sont établis dans leur quartier, afin de voir le livre servant à leur inspection et sur lequel ces marchands doivent écrire exactement, comme sur celui du commissaire, tous les effets qu'ils ont achetés, le prix qu'ils en ont donné, les noms et les demeures de ceux qui les leur ont vendus.

Ce visa sert : 1° à rendre ces sortes de gens soigneux à écrire leurs achats sur ces registres, et à observer les règles qui leur sont prescrites à cet égard; 2° à empêcher qu'ils ne puissent altérer ou changer les articles qui y sont une fois portés; 3° enfin à constater leurs contraventions et à les punir suivant que les circonstances l'exigent.

Les inspecteurs de police sont aussi chargés par le magistrat de faire les recherches et informations secrètes qui lui sont nécessaires pour avoir la certitude de certains faits, ou des éclaircissements relatifs aux actions et à la conduite des particuliers à l'égard desquels il a reçu des avis, ou contre lesquels il lui a été porté des plaintes.

Le magistrat renvoie les rapports des inspecteurs à des commissaires pour examiner les faits qu'ils contiennent et en faire la vérification nécessaire, d'après laquelle, sur leur avis, il prend le parti qu'il juge convenable.

Le service des inspecteurs, en ce qui concerne les informations et les recherches particulières dont ils sont chargés par le magistrat, est employé dans toutes les parties de la police auxquelles il peut s'appliquer, mais de manière que ces différentes parties forment autant de districts et de détails séparés pour chacun d'eux.

Ainsi trois d'entre eux ont la partie de la sûreté. — Un autre ce qui concerne la discipline militaire. — Un autre la police des femmes du monde. — Un autre les jeux. — Un autre les nourrices. — Un autre les prêteurs sur gages. — Un autre les charlatans, etc. Ces parties principales que l'on vient de nommer feront dans la suite de ce mémoire la matière d'autant d'articles, dans lesquels on rendra compte de ce qui regarde le plus essentiellement les inspecteurs.

Ils font sur chaque affaire, sur chaque recherche, sur chaque découverte, un rapport particulier et par écrit au magistrat.

Cette distribution aux inspecteurs des différentes parties de la police pour les recherches dont ils sont chargés est on ne peut pas plus essentielle; elle y établit un ordre qui facilite et accélère étonnamment les opérations. Il en résulte que cent affaires sont suivies à la fois dans un même jour, et qu'aucune par ce moyen ne se trouve retardée ni négligée. On croit devoir rapporter les excellentes remarques que feu M. Berryer[1], auteur de cet arrangement, a laissé par écrit sur ce sujet : « Rien n'est plus important que de bien arranger et de bien distribuer les différents « détails qui composent toute l'économie de la police. L'officier « qui n'a à s'occuper que des mêmes choses y contracte une habitude, y met pour lui-même un ordre, et y acquiert des connaissances qui font qu'il s'en acquitte beaucoup mieux, plus facilement, et avec plus de célérité. Il est certain que chaque homme « a son degré propre d'intelligence, d'activité et d'aptitude particulière; il est donc nécessaire de bien choisir ceux à qui l'on « confie ces détails. Si l'on en rassemble trop à la fois pour la « même personne, l'officier que l'on en chargera ne pourra pas y « suffire, et alors il ne choisira que ce qui lui sera le plus aisé « et lui conviendra le mieux, et négligera ce qui sera plus difficile; moins analogue à ses vues, son travail sera toujours superficiel. D'un autre côté, il faut donner à chaque officier suffisamment de quoi l'occuper, afin de lui procurer un gain honnête « et l'empêcher de se porter à de certaines manœuvres auxquelles

1. Conseiller au Parlement, puis Lieutenant de police, puis enfin, par la protection de Mme de Pompadour, ministre de la marine et même garde des sceaux (1703-1762).

« ils n'ont souvent que trop d'inclination. Enfin tous les détails « étant réunis à chacun des objets dont ils dépendent, cela épargne « une grande partie du travail du magistrat. »

S'il est permis d'ajouter une dernière réflexion à celles que l'on vient de transcrire, c'est que par un arrangement aussi simple, et qui répond aussi parfaitement au plan général de l'administration du magistrat, il ne perd de vue aucun de ces objets; ils se présentent toujours à lui dans leur totalité comme dans leur partie; il les soigne tous également et avec la même facilité; il est toujours prêt à donner tous les ordres nécessaires et les plus sûrs; et tout semble aller de soi-même. Ce sont les inspecteurs de police qui font les captures de l'ordre du roi et de celui du magistrat.

§ 2. — *Quel est le plan des instructions qui leur servent de règle dans l'exercice de leurs fonctions? (question 6°).*

Les inspecteurs de police sont des officiers en charge, qui ont des provisions du roi et qui prêtent serment en justice. Cependant le magistrat peut commettre qui bon lui semble pour faire le service qu'ils remplissent dans la police, pour suivre les mêmes détails, pour exécuter tous les ordres dont il les charge. Il emploie en effet dans différentes parties de la police d'autres personnes qui y font précisément un service semblable à celui des inspecteurs. Tout ce qui les distingue à cet égard, c'est que les inspecteurs sont immédiatement et uniquement attachés à la personne du magistrat, qu'ils sont ses officiers, qu'ils sont continuellement sous ses yeux et sous sa main.

Le principal service des inspecteurs se réduisant à des observations et à des recherches, il ne peut guère y avoir de règle fixe pour eux à cet égard. Leur réussite dans ces sortes d'opérations dépend entièrement du degré d'intelligence, d'exactitude et de célérité qu'ils y apportent; le moyens sont entièrement à leur disposition; ce sont les circonstances qui doivent les déterminer.

Il faut qu'ils emploient beaucoup d'adresse, qu'ils aient une sorte de finesse, qu'ils soient propres en général à jouer toutes sortes de personnages; qu'ils plaident souvent le faux pour être instruits du vrai; qu'ils affectent, de dire beaucoup de bien ou beaucoup de mal, suivant que les circonstances l'exigent, sur le compte de ceux dont ils ont à s'informer, et cela selon les personnes auxquelles ils s'adressent, c'est-à-dire suivant qu'ils les voient plus ou moins disposées à en dire du bien ou du mal, en observant néanmoins de les amener toujours au point de la vérité par des réflexions ou des objections capables de l'éclaircir. Ils se trouvent quelquefois dans l'obligation de l'arracher de ceux-mêmes qui sont l'objet de leurs recherches, et qui ont le plus grand intérêt de ne point convenir des faits dont il s'agit. Il faut alors qu'ils tâchent d'abord de s'insinuer dans leur confiance, qu'ils emploient des détours assez adroits pour tirer leur secret ou les mettre sur la voie qui peut les conduire à le savoir d'ailleurs. Mais en ce cas il faut qu'ils évitent avec grand soin de se laisser deviner; ils se servent plus fréquemment du ministère de personnes qu'ils chargent de ces découvertes.

§ 3. — *Différentes classes de personnes employées par les inspecteurs de police; de quelle manière ils se procurent des informations exactes sur la demeure, la conduite, le genre d'occupation et de gagner leur vie : 1° des habitants permanents; 2° des étrangers. — Qualités requises dans ces mêmes personnes, leur salaire fixe ou autre en certains cas (questions 7, 8 et 10).*

Les inspecteurs se servent de différentes sortes de personnes pour se procurer les découvertes et les éclaircissements dont ils doivent rendre compte au magistrat.

Ils ont ce qu'ils appellent des observateurs, qui leur sont attachés et qu'ils paient pour leur rendre compte des conversations qui peuvent se tenir dans les différents endroits publics où se rassemblent particulièrement des nouvellistes et où se trouvent des esprits échauffés qui frondent en certains temps la conduite du gouvernement. Il y a beaucoup de choix dans ces observateurs; cela dépend du temps et des circonstances. Il faut d'abord des gens présentables, c'est-à-dire bien mis et qui ne soient pas dans le cas d'être soupçonnés de faire ce métier. Le salaire de ces gens n'est point fixé; ils les paient plus ou moins suivant la difficulté qu'il y a d'en trouver, suivant leurs talents, l'importance des découvertes et des services qu'ils en tirent. Il y en a à qui l'on donne jusqu'à 150 livres par mois, d'autres qui n'ont que 30 liv.

Ils en ont d'autres qui leur tiennent lieu d'espions sans qu'ils s'en aperçoivent. Ce sont des gens désœuvrés et peu à leur aise, grands parleurs, naturellement curieux et aimant à se mêler de tout, qui font aisément connaissance avec tout le monde, qui cherchent et saisissent toutes les occasions de s'introduire dans les maisons où il y a bonne table et grande compagnie. Les inspecteurs se lient plus particulièrement avec ceux qu'ils découvrent avoir des relations plus étendues dans les maisons ou avec les personnes qu'ils sont chargés d'observer; ils leur donnent des repas ou se les attachent par des présents qu'ils leur font à propos, à titre d'amitié, sans leur laisser soupçonner leur objet; ils parviennent ainsi à savoir et à découvrir beaucoup de choses dont il leur serait difficile d'être instruits autrement. Ils ne paient point ces sortes de gens, qui, ainsi qu'on vient de l'observer, ne se doutent pas du parti que les inspecteurs peuvent tirer de leur connaissance. Ils en ont pour toutes sortes d'état, et les choisissent parmi ceux qui y sont le plus répandus[1].

Ils ont encore une autre classe d'observateurs, composée de gens qui leur sont entièrement attachés et qu'ils appellent *basses-mouches*. Ils les placent dans les rues pour suivre les personnes dont il est nécessaire de savoir les démarches et les fréquentations; ils leur servent aussi à leurs captures. Leur prix est fixé à 3 livres par jour, et quand il arrive que par leur exactitude et leur intelligence ils abrègent et réussissent pleinement, les inspecteurs leur donnent 6, 12, 24 livres et même plus de gratification, suivant la nature et l'importance de l'affaire.

Outre les gens que les inspecteurs emploient à l'espionnage dans Paris et qu'ils paient à cet effet, et ceux avec lesquels ils n'ont que de simples liaisons, ils en ont encore parmi ceux même sur lesquels tombent principalement leurs observations, qui leur donnent des avis, et par lesquels ils sont instruits de ce qui se passe de plus secret de la part des autres. L'intérêt des dénonciateurs de cette dernière espèce est d'obtenir de l'indulgence pour eux-mêmes en cas qu'il leur arrivât de mériter quelque punition.

Ce sont ordinairement les mauvais sujets qui servent à découvrir ceux qui le sont encore davantage. Les inspecteurs s'attachent ceux qui, voulant les servir, se trouvent avoir le plus de relations

1. « Parmi les espions de société, MM. de Sartine et Le Noir ont eu constamment le soin d'avoir des auteurs et des avocats, classe d'hommes plus indépendants en apparence que beaucoup d'autres, etc... » (*Souvenirs historiques de Le Noir*, publiés par Peuchet dans les *Mémoires tirés des archives de la police*, tome III, p. 24.)

avec leurs semblables. Au surplus, pourvu que quelqu'un se trouve une fois compris, quelle qu'en soit la cause, sur le catalogue de la police, qui reçoit tous les jours de nouvelles additions, dès ce moment il n'est plus perdu de vue, et ses démarches sont éclairées de manière qu'elles ne peuvent guère avoir de suites à craindre, que l'on ne soit toujours en état de les prévenir.

Ainsi, c'est par les inspecteurs de police que le magistrat est instruit de ce qui se passe de plus secret de la part des particuliers, soit habitants, soit étrangers, dont la conduite et les actions peuvent mériter son attention; et qu'en conséquence il prend toutes les précautions et les mesures convenables pour empêcher tout ce qui pourrait troubler le bon ordre, dans quelque partie que ce puisse être.

## ARTICLE IV. — SERVICE DE LA GARDE DE PARIS.

La garde destinée à maintenir le bon ordre et la sûreté dans la ville forme deux corps différents sous les ordres du même commandant.

Le premier, appelé la *compagnie du guet*, est composé de 139 archers, dont 100 à pied et 39 à cheval.

Cette compagnie est spécialement destinée au service de la juridiction ordinaire; elle accompagne les magistrats dans les cérémonies publiques, fait les emprisonnements et assiste aux exécutions des criminels.

Le second corps, connu plus particulièrement sous le titre de garde de Paris, est divisé en trois compagnies d'ordonnance, à la solde du roi, dont deux d'infanterie, faisant ensemble 784 hommes et une compagnie de cavalerie de 105 maîtres. Elles sont, ainsi que la compagnie du guet, vêtues d'uniformes, armées et exercées comme les troupes réglées.

L'une des deux compagnies d'infanterie de la garde de Paris, composée de 268 hommes, sert principalement à la garde des ports et des remparts de la ville, et ne quitte ses postes que lorsqu'il en est besoin.

L'autre, de 516 hommes, monte la garde dans les différents quartiers de Paris.

Il n'y a que la moitié de ces deux compagnies qui est de garde chaque jour; ainsi chaque moitié est alternativement de service et de repos pendant 24 heures.

La compagnie qui fait la garde dans les quartiers est distribuée par escouades de 12 hommes, dont un pour chaque corps de garde; elles consistent en un sergent, un caporal, un appointé et 9 fusiliers.

Ces escouades, pendant le temps de leur service, se partagent chacune en deux sections; l'une de ces sections reste au poste pendant que l'autre fait une ronde de deux heures dans le circuit qui lui est marqué; à son retour au corps de garde, l'autre section, dont elle prend la place, va faire une pareille ronde. Ainsi ces sections sont tour à tour à leur poste ou en marche, le jour et la nuit.

Ce mouvement continuel de la garde fait le plus grand effet et le meilleur. Quoiqu'il ne puisse y avoir qu'environ 120 hommes qui soient en marche à la fois, comme ils passent toujours dans les rues principales, et par conséquent les plus fréquentées, auxquelles aboutissent les autres, il semble qu'ils remplissent tout Paris; on les voit à tous les instants, et leur présence qui en (*sic*) impose, arrête et prévient une infinité de désordres.

La garde doit se porter, soit des postes qu'elle occupe, soit qu'on l'avertisse, ou qu'elle entende le moindre bruit pendant qu'elle est en ronde, à tous les endroits où elle peut être appelée, y arrêter tous ceux qui peuvent y causer du désordre, et les conduire chez les commissaires les plus prochains, pour y être statué sur ce dont il s'agit suivant les circonstances.

Elle arrête les vagabonds et autres qu'elle trouve jouant aux cartes ou à d'autres jeux dans les rues et places publiques, et les conduit de même chez les commissaires qui les envoient en prison. Ces sortes de jeux attirent les enfants du peuple, les portent à la fainéantise, les engagent à voler leurs pères et mères ou leurs maîtres; c'est une pépinière d'escrocs et de fripons, qui produit des voleurs, et qu'il est intéressant par cette raison de détruire. Le magistrat fait enfermer pour un temps ceux qui sont ainsi arrêtés.

La cavalerie est divisée par brigades de 5 hommes chacune; elle fait aussi des rondes pendant la nuit, va de corps de garde en corps de garde pour se faire rendre compte par celui qui y commande, ou en son absence par le soldat qui y reste en sentinelle, de tout ce qui est arrivé, et des affaires pour lesquelles la garde a été dérangée de ses postes. Il en est de même à l'égard des sections que ces brigades rencontrent dans leur chemin.

Ces brigades, au surplus, remplissent pendant la nuit le même service que l'infanterie, c'est-à-dire qu'elles arrêtent et conduisent devant les commissaires tous ceux qu'elles surprennent causant du désordre dans les rues. Elles se retirent pendant leur marche dans les carrefours et au coin des rues pour observer et écouter ce qui se passe, et courent au moindre bruit qu'elles entendent, ou au moindre avis qu'elles reçoivent, partout où la présence de la garde est nécessaire.

La garde arrête dans les rues, pendant la nuit, les femmes de débauche qu'elle rencontre raccrochant les passants, les vagabonds et rôdeurs de nuit, les mendiants; ceux qu'elle trouve couchés dans les rues, sur les portes des maisons, par ivresse ou autrement, et les conduit également chez les commissaires pour qu'ils en ordonnent ce qu'ils jugent à propos.

Dans le cours de ces tournées ou patrouilles de nuit, la garde entre dans les cabarets, cafés et autres lieux où l'on donne à boire, lorsque ces sortes de maisons se trouvent ouvertes et qu'il y a du monde passé les heures prescrites par les ordonnances. Elle remarque aussi toutes les portes des maisons particulières que l'on néglige de fermer pendant la nuit.

Elle fait son rapport chaque jour, le matin, à son commandant général, par des bulletins particuliers, de tout ce qui s'est passé, des contraventions qu'elle a remarquées, et des observations intéressantes qu'elle a pu faire pendant son service. Tous ces bulletins passent aussitôt au magistrat qui renvoie au commissaire, qui est chargé de cette partie, tous ceux qui concernent les contraventions observées par la garde, en conséquence desquelles ce commissaire fait assigner les contrevenants au tribunal du magistrat à qui il fait juridiquement le rapport général de ces contraventions.

La garde de Paris ne conduit point dans les prisons; elle arrête seulement les délinquants, les conduit chez un commissaire; et lorsque le commissaire ordonne quelque emprisonnement, il la charge des personnes qui doivent être emprisonnées, pour les remettre entre les mains des archers du guet, qui ont seuls cette fonction.

S'il arrive un incendie, le jour ou la nuit, la garde en étant avertie s'y rend aussitôt, en fait instruire les commissaires les plus prochains, ainsi que les pompiers et autres ouvriers qui doivent travailler à l'extinction du feu; elle est chargée, pendant ce temps, de veiller au maintien du bon ordre et à la conservation des effets qui peuvent être retirés des bâtiments incendiés.

Elle sert aussi dans les processions, fêtes et cérémonies publiques, à empêcher les embarras, le tumulte et les accidents qui peuvent y arriver.

### *Détails particuliers concernant la manutention des principales parties de la police.*

On s'est appliqué, dans les précédents articles, à réunir sous un coup-d'œil général tout ce que l'on a cru nécessaire pour donner une idée, la plus simple qu'il a été possible, de l'ensemble et de l'économie de l'administration de la police. Les articles suivants renfermeront les moyens ajoutés à la manutention ordinaire pour en remplir plus facilement et plus utilement les différents objets.

## ARTICLE V. — SURETÉ.

### § 1. — *Recherches générales concernant les inspecteurs de police employés dans la partie de la sûreté.*

Si l'ordre et l'exactitude du service de la garde contribuent beaucoup à la sûreté et à la tranquillité des habitants de cette capitale, la grande sécurité dont ils jouissent n'est pas moins l'effet des recherches continuelles des inspecteurs de police, employés dans cette partie pour découvrir et arrêter lesdits crimes, et tous ceux que le libertinage, la misère et l'oisiveté peuvent conduire à commettre de pareilles actions.

Ces inspecteurs sont au nombre de trois, qui partagent entre eux, pour les détails qui les concernent, la totalité de la ville en départements à peu près égaux. Chacun d'eux doit prendre connaissance, dans l'étendue de son département, de tous les crimes qui s'y commettent. Les commissaires leur délivrent chaque jour une copie de chacune des déclarations qui leur en ont été faites.

Dans le cas où l'inspecteur est instruit le premier d'un crime, il conduit les particuliers qui doivent en faire leur déclaration, ou les envoie chez le commissaire le plus prochain du lieu où le délit a été commis, afin qu'ils la reçoivent.

S'il s'agit d'un assassinat ou d'un vol avec effraction, l'inspecteur se rend avec le commissaire à l'endroit où le crime a été consommé, et où le commissaire constate juridiquement les circonstances servant à établir le corps du délit. Il assiste de même le commissaire aux perquisitions nécessaires dans tous les autres lieux où il est nécessaire de se transporter pour le même objet, et y arrête les coupables qui peuvent s'y trouver.

Lorsque les délinquants ont pris la fuite, que l'on ignore leur retraite, ou même qu'ils sont inconnus, l'inspecteur prend tous les renseignements qui peuvent servir à les lui faire découvrir, soit pour la désignation des effets qui peuvent avoir été volés. Ces instructions prises, il met en marche toutes les mouches, il les instruit de tout ce qu'ils ont à faire; lui et ses gens vont chacun de leur côté; ils parcourent les maisons des logeurs, les cabarets, les guinguettes, les mauvais lieux, les endroits suspects, où ils présument qu'ils peuvent apprendre quelques nouvelles de ceux qu'ils cherchent; ils voient et intéressent tous ceux qui peuvent leur donner des lumières ou les aider dans leurs recherches. Ils se rendent chez les fripiers et autres vendeurs de vieux effets pour voir s'ils ne trouveront pas ceux qui ont été volés.

S'ils trouvent les effets volés, ils les font représenter devant le commissaire, à qui la déclaration a été faite par ceux qui se trouvent les avoir achetés, et y font venir ceux à qui ils appartiennent pour les reconnaître.

Enfin, lorsque l'inspecteur ou ses gens ont pu joindre les auteurs du crime, ils s'en saisissent, les conduisent devant le commissaire qui, le premier, en a pris la connaissance, pour être interrogés, après quoi ils les conduisent en prison. Comme ces sortes de recherches, le plus souvent, emploient plusieurs jours, les trois inspecteurs se communiquent réciproquement les différentes affaires de cette espèce qu'ils ont à suivre, afin, en se concertant, de pouvoir s'aider et concourir tous ensemble à la réussite de leurs opérations.

Ils agissent de la même manière pour toutes les autres recherches concernant leur partie dont on va bientôt rendre compte. Ces officiers arrêtent non-seulement tous les particuliers prévenus de crimes, mais encore ceux qui ne sont que suspects, soit qu'ils aient essuyé quelque procès criminel, soient qu'ils n'aient été qu'accusés ou soupçonnés, et que toutefois il y a lieu de les croire coupables, encore qu'ils n'aient pu être absolument convaincus. Ils arrêtent aussi ceux qui ne sont que dangereux par leur liaison avec d'autres qui sont notés pour l'être, surtout si ceux-ci se connaissent entre eux et font bande.

Les trois inspecteurs se rassemblent tous les jours chez le magistrat dans le bureau de la sûreté. Ils y apportent toutes les déclarations qui ont été faites chez les commissaires, les procès-verbaux qui ont été dressés et les interrogatoires des accusés. Ils se font part réciproquement des avis qui leur sont parvenus et de leurs découvertes. Ils remettent à ce bureau leurs rapports par écrit de tout ce qu'ils ont fait et appris chacun sur les différentes affaires qu'ils doivent suivre. Ces rapports passent aussitôt au magistrat qui en prend connaissance et donne en conséquence tous les ordres qu'il juge convenables.

Le magistrat a voulu qu'ils fussent associés ensemble pour tout ce qui concerne cette partie, afin que leurs intérêts étant communs il leur fût avantageux de s'entendre et d'y apporter également toute leur vigilance et leurs soins.

On recueille dans ce bureau, avec le plus grand soin, tous les avis et déclarations des vols et autres crimes qui se commettent à Paris et dans les provinces. Tous les renseignements qu'il est possible de se procurer concernant les délits et les délinquants, dont on y conserve les signalements, même après qu'ils sont arrêtés, pour en faire usage dans la suite, s'il arrive qu'ils ne soient pas condamnés à mort, qu'ils obtiennent leur liberté, ou qu'ils parviennent à se sauver des prisons. On y tient registre des effets volés qui, par la vente qui s'en fait, font souvent découvrir les voleurs.

Les jugements criminels de tous les tribunaux du royaume contre ceux qui n'ont subi que des peines afflictives, après lesquelles ils recouvrent leur liberté, ou contre ceux qui n'ont été jugés que par contumace, y sont aussi enregistrés, tant parce que ces jugements, lorsqu'ils prononcent des peines, sont des preuves non équivoques contre les condamnés qui, en cette qualité, sont assez suspects pour attirer l'attention de la police, que parce qu'il est défendu aux repris de justice, c'est-à-dire à ceux qui ont subi la peine des galères, du fouet et de la marque ou du bannissement, de rester dans Paris, et même d'en approcher plus près que de 50 lieues, et de 10 lieues de la résidence de la cour.

On y tient aussi des notes de ceux contre lesquels il n'a point été prononcé de peines afflictives faute de preuves suffisantes, mais qui, en même temps, n'ont point été totalement déchargés des accusations portées contre eux.

L'immensité de ce recueil n'empêche pas qu'on n'y trouve très-promptement toutes les notes dont on peut avoir besoin. L'ordre qui y règne met à portée de parcourir dans un instant tout ce qu'il contient sur chacun des particuliers qui y sont notés, et de s'assurer que d'autres, qu'on pourrait soupçonner, n'ont jamais rien eu sur leur compte. Ainsi ces notes innombrables qu'on accumule si utilement, sont pour le magistrat et pour les officiers de la sûreté, à qui il permet de les consulter, un moyen aussi facile que sûr de distinguer les gens véritablement suspects de ceux contre lesquels il n'y aurait que des soupçons mal fondés, et elles guident les officiers dans la recherche qu'ils font des premiers pour qu'il ne leur en échappe aucun, et qu'ils ne confondent pas cependant l'innocent avec le coupable.

§ 2. — *Observations des inspecteurs de la sûreté dans les cas d'assemblées publiques, aux endroits où se forment ces mêmes assemblées pour découvrir les vols qui s'y commettent, et arrêter sur le champ les coupables.*

Le concours des personnes que la dévotion ou des cérémonies extraordinaires peuvent attirer dans quelques églises, l'affluence du peuple, singulièrement dans les réjouissances publiques, aux endroits où les fêtes qui lui sont données peuvent se passer[1]; la presse qu'amène dans les spectacles la pompe ou la nouveauté des représentations; enfin toutes les circonstances qui peuvent rassembler beaucoup de monde et produire nécessairement de la foule, sont des occasions que les voleurs ne laissent point échap-

1. Il n'en fut malheureusement pas ainsi en 1770, lors des fêtes qui furent données pour le mariage de Louis XVI et de Marie-Antoinette. Le Bureau de la Ville refusa le concours que lui offrait la police et l'on sait quelles furent les conséquences de ce refus. Des voleurs avaient tendu des cordes en travers de la rue Royale et il en résulta les plus affreux malheurs. On releva, paraît-il, 2,743 morts et 830 blessés. M. de Sartine mit le lendemain tous ses agents en campagne, et 400 malfaiteurs furent arrêtés. (Horace Raisson, *Histoire de la police de Paris.*) Mercier, dans son *Tableau de Paris*, parle de plus de 1,200 morts; les rapports officiels évaluèrent le nombre des victimes à 133.

per, et dont ils tâchent de profiter pour faire des larcins dans les poches des assistants.

Les inspecteurs de la sûreté ne manquent pas non plus de se trouver dans ces endroits avec leurs gens, n'ayant rien qui serve à les distinguer; ils se mêlent avec tout le monde, et particulièrement où la foule est la plus grande, parce que c'est là que sont certainement les filoux qui, d'eux-mêmes, font la presse la plus grande qu'ils peuvent, afin de fouiller plus facilement dans les poches sans que ceux qu'ils volent s'en aperçoivent. Les inspecteurs et leurs gens, attentifs à ce qui se passe autour d'eux, jugent d'avance, à la physionomie et aux différents mouvements qu'ils remarquent, ceux qu'ils cherchent, et ne se trompent guère. Souvent même ils les connaissent, ou parce qu'ils ont déjà passé par leurs mains, ou par leur signalement; dès qu'ils se sont aperçus d'un vol, ils ne perdent plus de vue ni le voleur ni la personne qui a été volée; ils les suivent hors de la foule, arrêtent le délinquant, qu'ils conduisent aussitôt chez un commissaire, et y font venir la personne à qui le vol a été fait. Le filou étant convaincu sur le champ par les effets dont il se trouve saisi, son procès est bientôt fait.

### § 3. — *Moyens pour découvrir les voleurs par la vente des effets volés.*

Outre les fripiers et les autres marchands achetant et vendant de vieux effets et faisant le commerce sans sortir de leurs maisons, il y a encore à Paris une classe particulière de gens faisant à peu près le même trafic, mais par les rues, où ils vont criant leur marchandise; on les appelle revendeurs, brocanteurs, etc. Il leur est défendu de s'arrêter ailleurs que dans les places qui leur sont indiquées; ils sont au nombre de 13 à 1,400; ils vendent et achètent principalement de vieilles hardes et de vieux linge, dans ce qu'il y a de plus commun en ce genre, même jusqu'à des chiffons qui ne paraissent avoir presque aucune valeur; mais rien n'est perdu à Paris, tout y a un prix quelconque. Ce commerce est d'une très-grande utilité en ce qu'il procure au menu[1] peuple des vêtements à bon marché, ce qui est un grand soulagement pour lui. Les revendeurs sont obligés d'observer les mêmes règles que les fripiers et autres marchands en vieux. Il leur est défendu

---

1. Il y a *même* dans le texte, mais c'est évidemment *menu* qu'il faut lire.

d'acheter aucuns effets de gens inconnus, et ils doivent écrire tous leurs achats et les noms et demeures de ceux dont ils achètent sur des livres qui sont signés et paraphés des commissaires des quartiers où ils demeurent et qui leur donnent seuls la permission de faire ce trafic. Ils doivent toujours porter leurs livres avec eux, afin de les représenter aux inspecteurs de la sûreté toutes les fois que ceux-ci demandent à les visiter; leurs signalements ainsi que leurs noms sont portés sur ces mêmes livres, afin de pouvoir les reconnaître, et qu'ils ne puissent pas transmettre à d'autres la faculté qui leur est accordée personnellement de faire ce commerce, et qu'ils ne puissent non plus commettre qui que ce soit pour acheter et vendre pour eux.

Ces précautions ont pour objet d'empêcher autant qu'il est possible le commerce des effets volés, et en tout cas d'en faciliter la reconnaissance à ceux à qui ils ont été pris lorsque les revendeurs les exposent publiquement en vente, et par là de pouvoir reconnaître plus facilement les voleurs.

Mais ces mesures seraient encore insuffisantes, et ces sortes de gens seraient, comme ils étaient autrefois, les recéleurs de la plupart des effets volés, qu'ils achetaient sans examen, s'ils n'étaient surveillés et contenus de manière à les détourner de la tentation que quelques-uns peuvent avoir encore de profiter des occasions où ils trouvent à acheter à vil prix de semblables effets, afin d'y pouvoir faire un gain plus considérable.

Comme ils ne peuvent s'arrêter que dans les endroits qui leur sont marqués, c'est là qu'ils font tout leur commerce, qu'ils exposent publiquement toutes leurs marchandises, qu'ils les achètent et qu'ils les revendent sous les yeux de tout le monde.

Le plus grand nombre des vols qui se font dans les maisons ne consistant que dans l'espèce d'effets dont les revendeurs font commerce, parce que ce sont effectivement ceux qui se trouvent le plus aisément sous la main des voleurs, et que ces effets appartiennent le plus souvent à des ouvriers ou autres personnes d'un bas état, dont l'absence de chez eux pour leur travail procure aux voleurs la facilité de s'y introduire, les voleurs ne s'en sont pas plutôt emparés qu'ils cherchent à les vendre, d'abord parce que leur objet principal est d'avoir de l'argent, et en second lieu parce qu'ils craignent d'être trouvés saisis de ces effets. Comme ils n'ont point d'autre voie pour s'en défaire promptement que celle des revendeurs, c'est à eux qu'ils sont obligés de s'adresser, et de même ceux à qui ils ont été pris, n'ont point de moyens plus sûrs pour les recouvrer que de se rendre aux endroits où les revendeurs s'assemblent, pour examiner s'ils ne reconnaîtront point leurs effets. Si ceux-ci les retrouvent, les revendeurs devant indiquer ceux de qui ils les tiennent, il est très-facile de remonter jusqu'à l'auteur du vol, qui est bientôt arrêté.

Les inspecteurs de la sûreté ont toujours leurs gens mêlés avec les revendeurs dans les places où ils s'assemblent, pour examiner et les revendeurs et les gens qui leur présentent des effets. La présence de ces observateurs contient les revendeurs, qui se trouvent ainsi[1] forcés de se conformer à ce qui leur est prescrit, c'est-à-dire de n'acheter aucuns effets que de gens non suspects, d'en prendre exactement les noms, qualités et demeures, de retenir les effets qui leur paraissent volés, d'arrêter ou faire arrêter sur le champ ceux qui les présentent.

D'un autre côté, les gens des inspecteurs ayant le signalement de tous les voleurs connus et de ceux que l'on soupçonne, et ayant une connaissance générale des effets volés, ils voient en même temps si ceux qui veulent vendre des effets ne sont point du nombre de ceux que l'on cherche, et si les effets présentés ne feraient point aussi partie de ceux volés dont ils ont connaissance.

Ils arrêtent les vendeurs qui se trouvent dans ces différents cas, et même ceux qui se rendent suspects en refusant de dire leurs noms et leurs demeures, ou ceux qui ne semblent pas donner des renseignements suffisants sur les effets qu'ils présentent pour justifier qu'ils leur appartiennent. Ils les conduisent devant les commissaires, auxquels les effets sont représentés, et qui font tout ce qui convient pour constatér à qui véritablement ces effets appartiennent.

Pour engager d'autant plus les revendeurs à remplir les différentes obligations qui les concernent, et à concourir avec eux à la réussite de leurs recherches, ils leur donnent des gratifications lorsqu'ils arrêtent ou font arrêter quelques voleurs qui ont voulu vendre des effets. Mais en même temps tous les revendeurs sont punis sévèrement lorsqu'ils ont manqué à quelques uns de leurs devoirs, soit par des amendes auxquelles ils sont condamnés, soit par la privation de continuer leur trafic, soit par la prison, suivant la nature des circonstances.

---

1. Le texte porte *aussi*.

§ 4. — *Patrouilles de sûreté, perquisitions et visites de nuit.*

Pendant que le plus grand nombre des citoyens est enseveli dans le sommeil, la police veille sans cesse à leur sûreté et à empêcher tout ce qui pourrait troubler leur repos et leur tranquillité. Les inspecteurs de police employés dans la sûreté font des patrouilles pendant la nuit dans les rues de Paris. Ces patrouilles ont lieu dans l'hiver deux fois par semaine, et l'été une fois seulement. Elles sont composées d'un inspecteur et de 15 ou 20 des gens qui servent dans cette partie. Elles commencent ordinairement à 10 heures du soir, qui est le temps où il y a moins de monde dans les rues[1], et finissent à 3 heures du matin. L'inspecteur est à pied; ses gens, qui n'ont rien qui les distingue pour l'habillement, marchent écartés les uns des autres, de manière qu'ils ne peuvent être remarqués par leur nombre. Un commissaire, revêtu de sa robe, est dans un carrosse qui suit à peu de distance le chemin qu'ils tiennent, afin de remplir à l'instant ce qui peut concerner son office sans interrompre le service de la patrouille.

Elle observe tous ceux qu'elle rencontre dans les rues: lorsque l'inspecteur ou ses gens y trouvent, à une heure indue, quelqu'un mal vêtu, ou qui leur paraît suspect, ils l'arrêtent, lui font les questions nécessaires pour savoir qui il est, pourquoi il n'est pas retiré, d'où il vient, où il va. S'il porte quelque paquet, ils examinent ce qu'il contient, après lui avoir demandé ce que c'est. S'il ne satisfait pas exactement à leurs demandes, ils le conduisent au commissaire, qui à son tour lui fait des interrogations, et, s'il y a lieu, l'envoie en prison.

Ils arrêtent aussi les vagabonds, les rôdeurs de nuit, les femmes du monde qu'ils surprennent avec des hommes dans les rues, et généralement tous ceux qui peuvent être suspects, lesquels sont emprisonnés.

Si, dans le cours de la patrouille, il s'élève quelque bruit ou qu'il arrive quelque désordre dans les rues que l'inspecteur ou ses gens se trouvent à portée d'entendre ou d'apercevoir, ils y courent aussitôt, enveloppent ceux qu'ils trouvent; le commissaire qui survient prend connaissance de ce dont il s'agit, et statue

---

1. Nos mœurs ont bien changé sous ce rapport.

suivant les circonstances. L'inspecteur et ses gens entrent dans tous les cabarets, cafés, et autres endroits où l'on donne à boire et où il se trouve des buveurs, pour examiner si parmi ces derniers ils ne reconnaîtront pas quelques malfaiteurs ou autres gens de l'espèce de ceux qui doivent être arrêtés, lorsqu'il est heure indue. Ils font retirer les buveurs, et le commissaire constate la contravention des marchands, dont il fait son rapport au tribunal de la police, où ils sont condamnés à l'amende, suivant le nombre des buveurs qui se sont trouvés chez eux.

Ils visitent la maison des logeurs pour y faire la recherche de gens suspects qui peuvent y être réfugiés. Il est nécessaire d'observer qu'il y a trois classes de logeurs à Paris. Les uns tiennent des hôtels garnis, ou maisons considérables propres à recevoir des personnes de distinction. — La seconde comprend ceux qui n'ont que des maisons ordinaires et meublées, dont les logements sont beaucoup moins chers et peuvent convenir à toutes sortes de personnes qui se rendent à Paris pour leurs affaires et ne se proposent d'y demeurer que peu de temps, ou même à des habitants de Paris qui, n'ayant point d'état, ne prennent point de domicile fixe. Les logements dans ces hôtels et maisons ordinaires se louent au mois. — La troisième classe est composée de tous les petits logeurs que l'on appelle à la nuit parce que ceux qu'ils reçoivent, qui sont des ouvriers journaliers et autres gens du peuple, paient par chaque nuit qu'ils occupent, entrent dans ces endroits et en sortent quand ils veulent.

Tous ces différents logeurs sont assujettis aux mêmes règles; qui que ce soit ne peut faire cet état à Paris sans une permission expresse du commissaire dans le département duquel il entend s'établir en cette qualité. Ils ne peuvent recevoir personne chez eux, ne fût-ce que pour une seule nuit, sans les enregistrer sur leurs livres par noms, surnoms, qualités, état, profession, pays; ils doivent aussi y faire mention, à l'égard de ceux qui ne résident point ordinairement à Paris, des causes pour lesquelles ils y sont venus. Enfin ils doivent dénoncer ceux qu'ils reconnaissent pour suspects ou être des malfaiteurs.

C'est particulièrement dans les maisons des logeurs de cette troisième espèce que se font ces visites de nuit. Le commissaire interroge ceux qui s'y trouvent pour savoir s'ils se sont déclarés pour ce qu'ils sont au logeur qui les a inscrits sur son livre; s'ils ont actuellement de l'occupation, s'ils en manquent, depuis quel temps, quelle est la cause de leur désœuvrement, et ils font conduire en prison ceux qui sont reconnus pour être de mauvais sujets, des gens ordinairement oisifs, quoique ne pouvant vivre que de leur travail, et généralement tous ceux qui paraissent suspects. Il se trouve quelquefois dans ces endroits des gens accusés de vols et autres crimes, des repris de justice; ils sont également arrêtés.

Les inspecteurs de la sûreté font aussi, dans le cours de ces patrouilles, soit dans les mauvais lieux, soit dans les maisons des particuliers, la perquisition et capture des personnes qu'ils doivent arrêter pour crimes, ou en exécution des ordres du magistrat. Mais, en général, ces perquisitions et ces captures se font hors des patrouilles, dont l'objet est trop étendu et trop essentiel pour que le temps qui leur est destiné n'y soit point employé en entier.

La nuit est également celui où ces mêmes perquisitions ont lieu, comme étant le plus convenable : 1° pour trouver chez eux les gens que l'on cherche; 2° parce que tout le monde étant retiré, ces opérations se font beaucoup plus tranquillement. Elles font, en effet, si peu de bruit qu'il arrive le plus souvent que quelqu'un a été ainsi arrêté dans des maisons remplies d'un grand nombre de locataires sans que ceux-ci aient entendu ou aient aperçu la moindre chose.

Les inspecteurs de police, pour se faciliter l'entrée des maisons pendant la nuit, ont la permission de se servir de crochets et autres instruments pour en ouvrir sans bruit les portes extérieures et intérieures[1], pourvu que ce soit en présence d'un commissaire, qui autrement, et en cas de résistance de la part de ceux qui les habitent, a l'autorité de les faire enfoncer.

### § 5. — *Remarques générales relatives au service de la sûreté et aux différentes classes de personnes employées ou servant aux recherches qui la concernent.*

Les 3 inspecteurs de la sûreté arrêtent plus de malfaiteurs et de gens suspects à Paris que ne font la garde et les autres compagnies préposées pour la sûreté publique réunies ensemble. Cependant ils n'ont pas entre eux tous 30 hommes qui leur soient par-

1. Voilà qui est fort, et l'on aurait peine aujourd'hui à subir de pareils règlements.

ticulièrement attachés, tant pour leurs captures que pour les aider dans leurs recherches. Ces hommes, que rien ne distingue quant à l'habillement, n'ont aucune arme et ne portent que des cannes. Comme, par les mesures que prennent les inspecteurs pour faire leurs captures, il se trouve que ceux qu'ils arrêtent sont presque toujours surpris, ils n'ont aucune résistance à craindre, et un inspecteur avec 2 hommes suffisent pour en arrêter un autre et quelquefois plusieurs à la fois. La garde, d'ailleurs, leur prête main-forte lorsqu'il en est besoin, mais cela est fort rare.

A l'égard des découvertes, les inspecteurs et leurs gens en font beaucoup plus par leurs relations et leurs correspondances que par eux-mêmes. Ces hommes, attachés aux inspecteurs, sont des gens de la lie du peuple qui, la plupart, ont été de très-mauvais sujets[1]. C'est pour cela qu'ils sont plus propres à découvrir et à observer ceux de la même trempe. Plusieurs ont été enfermés avec des repris de justice et autres qui ont subi des procès pour vols, ce qui les a mis à portée de connaître beaucoup de malfaiteurs et de sujets fort dangereux qui, par la suite, venant à obtenir leur liberté, demandent à être veillés de fort près. Plus leurs connaissances en ce genre sont étendues, plus ils sont utiles aux inspecteurs. Les officiers les observent eux-mêmes très-exactement, et les font punir sévèrement lorsqu'ils commettent dans leurs services quelques infidélités ou manœuvres répréhensibles. Ils sont d'ailleurs naturellement portés à se dénoncer les uns les autres, afin de faire leur cour aux inspecteurs et tâcher d'être employés par préférence dans les affaires où ces officiers ont besoin de leurs services.

Ils ne vieillissent point ordinairement dans ce métier, le plus dur et le plus fatigant qu'il soit possible d'imaginer, parce qu'à mesure que leurs connaissances diminuent par les jugements infligés contre leurs anciens compagnons, leurs lumières s'affaiblissent à proportion; ils gagnent moins, et quittent enfin la police pour prendre un autre parti. Mais cette petite troupe est toujours complète. Il s'en présente continuellement de nouveaux, parmi

1. C'était le lieutenant de police Berryer qui avait le premier reconnu la nécessité de se servir d'anciens voleurs, et d'admettre les mauvais sujets au nombre des observateurs, espions et recors. (*Souvenirs historiques de Le Noir*, cités par Peuchet; *Mémoires tirés des archives de la police*, tome III, p. 54.)

lesquels les inspecteurs choisissent ceux qui leur conviennent le mieux pour remplacer ceux qui leur manquent.

Ces aspirants au service de la police se font connaître par les avis qu'ils donnent et les découvertes qu'ils font faire aux inspecteurs, qui se les attachent d'abord par les récompenses et les gratifications qu'ils leur donnent, et par lesquelles ils les encouragent à les servir. Ils continuent de fréquenter les sujets dangereux qu'ils connaissent, pour se maintenir dans leur confiance, savoir leurs projets, en instruire les inspecteurs, et mettre ces derniers en état d'agir en conséquence. Mais ils perdent une partie de leur utilité dès qu'ils sont employés ordinaires, parce qu'étant bientôt connus comme mouches ou espions de la police, ceux qui ont lieu de les craindre en cette qualité rompent toute communication avec eux; mais ils ne les perdent point pour cela de vue, et ils sont toujours sûrs de les trouver aisément aussitôt qu'il en est besoin.

Toutes ces espèces de gens employés par les inspecteurs ont de leur côté leurs relations particulières, leurs coteries et leurs correspondances, qui sont fort étendues; ils ont leurs *sous-mouches*, par le moyen desquelles ils font beaucoup de découvertes importantes. Ils emploient des femmes de débauche qui les craignent ou qui sont leurs maîtresses, pour les aider dans les découvertes qu'ils veulent faire. Il y a aussi de ces femmes qui donnent directement des avis aux inspecteurs de la sûreté.

Les autres inspecteurs, et généralement tous ceux qui sont employés par le magistrat au service de la police, lesquels à raison de leurs différents districts ont tous des relations plus ou moins étendues dans Paris, étant obligés de lui rendre compte de tout ce qu'ils apprennent ou découvrent intéressant l'ordre public; et les inspecteurs, particulièrement, de faire journellement des visites dans les auberges et maisons garnies de leur quartier, de s'informer à ceux qui les tiennent de la conduite, des occupations, enfin de tout ce qui peut mériter attention de la part de ceux qui y sont nouvellement entrés, d'en envoyer l'état au magistrat avec les observations qu'ils peuvent avoir faites sur leur compte; de l'instruire également de ceux qui ont quitté ces mêmes endroits; tous ceux de ces rapports qui se trouvent avoir quelque relation à la sûreté étant communiqués aux inspecteurs employés dans cette partie, ces derniers trouvent ainsi dans le travail de leurs confrères, et sans se déplacer, des lumières dont ils profitent, qui souvent abrègent leurs recherches, facilitent et simplifient leurs opérations.

Il n'y a pas un prisonnier arrêté par les autres inspecteurs ou par la garde, soit pour crime, soit pour délit de simple police, que les inspecteurs de la sûreté ne visitent dans les prisons où ils sont envoyés, et qui ne soient vus par leurs gens à l'effet d'examiner s'ils ne les reconnaîtraient pas pour des malfaiteurs, repris de justice ou pour des gens suspects qui ont déjà été arrêtés; s'ils n'ont pas changé de nom afin d'éviter une punition plus sévère relativement aux faits pour lesquels ils peuvent faire déjà note dans les registres de la police.

Les inspecteurs de la sûreté prennent les signalements de tous ceux qui sont chargés d'accusations graves relatives à leur partie, et de ceux qui ne sont que suspects, pour être inscrits sur ces mêmes registres.

Tels sont les moyens en usage dans la police de Paris pour remplir le plus immense et le plus important de ses objets. Depuis 30 ans que cette partie est établie et tenue de la manière dont on l'a exposée dans cet article, il n'a existé dans cette capitale aucune bande de scélérats dont l'association fût capable d'altérer la tranquillité publique; il est même fort rare qu'il s'y commette des vols considérables. Il n'en arrive point dont les auteurs, pour peu qu'ils soient connus ou qu'ils puissent être indiqués par la moindre des circonstances, ne soient arrêtés aussitôt. Il n'y a point d'asile dans cette ville immense où ils puissent échapper à la célérité et à l'exactitude des perquisitions de toute espèce que la police en fait partout en même temps. S'ils ont pris la fuite, on ne tarde pas à savoir la route qu'ils tiennent; ils sont saisis ordinairement avant qu'ils aient atteint le premier endroit où ils comptaient se mettre à l'abri de toutes perquisitions, soit par les inspecteurs de police que le magistrat envoie après eux, soit par les maréchaussées des provinces qui en reçoivent les signalements ou à l'égard desquels on leur envoie toutes les autres instructions qui peuvent en faciliter la découverte.

La plupart des malfaiteurs qui échappent aux perquisitions de la justice en province viennent à Paris, comptant que confondus dans cette grande ville avec un peuple immense, ils n'y seront pas reconnus; mais ils se trompent et ils ne pouvaient pas prendre un plus mauvais parti pour eux. La police les connaît d'avance, et Paris est à leur égard comme un grand filet dans lequel ils viennent se prendre d'eux-mêmes. Ainsi la police de Paris seule, par sa vigilance, purge presque tout le royaume de ce qu'il peut renfermer de plus mauvais sujets, et assure à cet égard la tranquillité générale.

Enfin, par rapport aux sujets seulement suspects, il n'y en a pas un à Paris reconnu pour tel qui ne soit continuellement observé, et dont la conduite et les actions devenant plus suspectes ne soient éclairées si exactement que l'on ne soit toujours en état de prévenir le mal qu'il médite.

Les rues de Paris les moins fréquentées sont aussi sûres la nuit que le jour; on peut y aller à toutes sortes d'heures, et la bourse à la main, sans la moindre crainte. S'il arrive des vols dans les maisons, c'est le plus souvent par la négligence de ceux chez qui ils sont commis, qui ne prennent pas pour leur sûreté particulière les précautions les plus ordinaires, et qui ne peuvent dépendre que d'eux seuls. La police ne peut rien à cet égard, elle empêche seulement ce qu'elle peut prévoir et prévenir.

On croit devoir observer encore que le plus grand nombre de ces vols, qui sont communément de la moindre valeur, se retrouvant par les moyens dont on a ci-devant parlé, et faisant presque toujours découvrir les coupables, la justice à laquelle ces coupables sont livrés leur ôtant au moins la liberté de pouvoir jamais rester à Paris, c'est en quelque sorte un moyen de plus qui sert à purger incessamment cette grande ville des malheureux de cette espèce qu'elle renferme, et à empêcher qu'ils ne parviennent par d'autres degrés à y commettre de plus grands crimes.

Tous les vols qui peuvent être recouvrés sont exactement rendus à ceux à qui ils ont été faits, sans qu'ils supportent les plus petits frais pour les recherches qu'ils ont coûtées, ni pour la poursuite des coupables. Ces frais sont entièrement aux dépens du roi.

### § 6. — *Maisons de force pour enfermer les malfaiteurs, les vagabonds, les gens sans aveu et autres reconnus pour suspects.*

Il y a deux hôpitaux servant de maisons de retraite pour les gens du peuple que leurs infirmités empêchent de travailler et de gagner de quoi vivre. Ils y sont reçus en qualité de bons pauvres, et y jouissent d'une liberté entière.

Ces maisons, dont l'une est pour les hommes et l'autre pour

les femmes, servent en partie de prisons pour renfermer les mauvais sujets de toute espèce et entre autres ceux qui ont été repris de justice, tels que ceux qui ont été condamnés au fouet et au bannissement, lorsque l'on juge qu'il y aurait du danger de leur rendre leur liberté après leur jugement.

On y retient également ceux qui ont essuyé des procès pour crimes, mais contre lesquels il ne s'est point trouvé de preuves suffisantes pour les condamner, lorsque d'ailleurs il existe des présomptions assez considérables contre eux pour les regarder comme coupables.

Elles servent encore de maisons de correction pour les femmes de débauche qui ont été arrêtées pour désordres, pour les libertins qui se sont livrés à certains excès, les perturbateurs du repos public, les escrocs, les gens du bas peuple qui remplissent partie du service public, et qui ont manqué essentiellement à la discipline à laquelle ils sont assujettis, ou qui ont commis des violences contre ceux qui les ont employés, pour les forcer à leur payer un salaire excessif; les ouvriers et les domestiques qui ont agi de la même manière à l'égard de leurs maîtres ou de ceux dont ils dépendent, etc.

Enfin on renferme encore dans ces maisons, pareillement à titre de correction, à la sollicitation des familles, les gens mariés parmi le peuple qui ruinent leur ménage par leur débauche ou leur mauvaise conduite, les jeunes gens de la même classe dont les actions, le libertinage, l'oisiveté et les liaisons suspectes qu'ils contractent donnent lieu de craindre à leurs parents qu'ils ne s'abandonnent à des excès ou à des crimes capables de causer leur déshonneur. Ainsi ces maisons remplissent deux objets essentiels : 1° elles servent à séparer de la société tous ceux qui ont donné lieu de les regarder comme ne pouvant y rester sans danger pour la sûreté et le repos des autres; 2° à la correction de ceux dont les désordres, n'étant encore que la suite des passions, laissent quelque espérance qu'une punition momentanée pourra produire en eux avec le temps et la réflexion un heureux changement. Si ce moyen ne produit pas toujours son effet sur les sujets auxquels ce remède est appliqué, au moins en contient-il une infinité d'autres dans lesquels la crainte seule surmontant un mauvais penchant, les porte à s'en corriger d'eux-mêmes et à devenir de bons sujets. C'est de cette manière qu'une police exacte rappelle les hommes à leurs devoirs, leur en fait connaître la nécessité dans l'exemple de ceux qu'elle punit, et assure le repos public et celui des particuliers.

§ 7. — *Des dénonciations. Si les dénonciations volontaires sont admises. Si elles sont encouragées; comment on les encourage (question 9e).*

Toutes les dénonciations de crimes se font judiciairement, ou par la plainte portée en justice par ceux qui ont un intérêt personnel à la punition des criminels, ou par une simple déclaration. Les plaintes et déclarations faites par les particuliers pour servir d'accusations directes de leur part se font à Paris devant les commissaires, et dans les autres villes devant les magistrats et juges des lieux. Il y a une autre forme de dénonciation autorisée par les ordonnances; elle consiste dans une déclaration secrète que tout particulier qui ne veut pas paraître comme accusateur peut faire au procureur du roi ou fiscal des faits qui se trouvent de nature à produire une accusation criminelle. Le procureur du roi ou fiscal rend plainte en ce cas d'office et en son nom, comme partie publique, requiert l'information, et poursuit seul le procès contre les accusés jusqu'au jugement définitif.

Dans le cas de la plainte, lorsque celui qui l'a faite poursuit en son nom comme partie civile, qualité qu'on lui donne parce qu'il ne peut demander contre les accusés que des réparations civiles, le procureur du roi ou fiscal est toujours intervenant au procès, qui ne peut être fait sans lui, ayant seul le droit de conclure aux peines capitales et afflictives qu'exige la vengeance publique.

Lorsque le procureur du roi ou fiscal n'agit qu'en vertu d'une dénonciation qui lui a été faite directement, il ne peut faire connaître les dénonciateurs pendant l'instruction du procès. Ce n'est qu'après le jugement qui décharge les accusés de l'imputation que le procureur du roi ou fiscal est tenu, s'ils l'exigent, de leur nommer les dénonciateurs, contre lesquels ils ont la faculté de se pourvoir pour les réparations qui leur sont dues à cause de l'injure ou du tort qu'ils ont souffert par la fausse accusation portée contre eux.

Les procureurs du roi ou fiscaux qui reçoivent de ces dénonciations secrètes doivent eux-mêmes prendre les précautions nécessaires pour assurer le recours accordé par les lois à ceux qui ont été faussement accusés contre les calomniateurs. En conséquence ils ne doivent admettre que celles des personnes connues, dignes de foi, et notoirement solvables pour les dommages et intérêts que les accusés pourraient prétendre, si par l'événement l'accusation se trouvait sans fondement. Ils sont obligés de leur faire signer ces dénonciations, qui sont inscrites dans un registre qui est uniquement destiné à cet usage; autrement ils seraient personnellement tenus des dommages et intérêts des accusés.

C'est dans cette forme unique et sous ces seules conditions, dont il ne peut résulter aucun inconvénient, que les dénonciations secrètes sont admises. Elles ont été autorisées afin d'ouvrir toutes les voies qui peuvent faire parvenir la connaissance des crimes aux tribunaux chargés d'en punir les auteurs, et que les particuliers les plus désintéressés dans ces sortes d'affaires, par leur seul amour du bien public, pour l'intérêt de la vérité, et sans se charger publiquement du titre de dénonciateurs, peuvent donner les avis les plus utiles au repos de la société, pour lequel l'impunité d'un grand crime, faute d'en connaître les coupables, est toujours un trouble.

Au surplus, il n'est pas besoin de dénonciateurs lorsqu'il s'agit d'un crime notoire, le ministère public y supplée par sa vigilance, constate juridiquement les faits, accuse de lui-même ceux qui se sont rendus coupables. Son devoir et celui des juges est de chercher à connaître les malfaiteurs dans les preuves que doit renfermer contre eux une procédure prompte et juridique.

La seule confession du coupable, s'il n'existe d'ailleurs aucune espèce de preuve contre lui, ne peut opérer sa condamnation suivant cette règle: *Nemo auditur perire volens*. Par la même raison, celui qui viendrait se dénoncer lui-même comme coupable d'un assassinat que l'on sait avoir été commis et dont on ignore absolument l'auteur, ne pourrait être regardé que comme un insensé qui ne mérite pour le moment aucune foi. Cependant, en ne regardant cette démarche que comme l'effet d'un égarement d'esprit, il serait dans le cas que l'on s'assurât de sa personne pour prévenir d'autres excès auxquels il pourrait s'abandonner. Mais on ne lui fera pas son procès sur sa propre accusation.

### ARTICLE VI. — POLICE CONCERNANT LES MILITAIRES.

Tous les soldats, fantassins, cavaliers et dragons qui viennent à Paris avec des congés limités sont obligés en arrivant de se présenter à l'inspecteur chargé de cette partie, lequel les enregistre, et garde leurs congés, qu'il ne leur rend que lorsqu'ils ont été visés par le magistrat. Il enregistre également tous les soldats de recrue qui sont à Paris, ainsi que les bas officiers et autres qui ont des commissions pour les enrôlements, qui ne peuvent en faire aucuns sans avoir observé cette formalité, et représenté à l'inspecteur leurs commissions, qui sont visées et approuvées par le magistrat.

L'inspecteur, en enregistrant ces recruteurs, et généralement tous les soldats qui séjournent à Paris, prend aussi leurs demeures précises qu'ils sont obligés de lui déclarer, et lorsqu'ils changent de logement, ils sont généralement tenus de l'en avertir, afin qu'il en fasse mention dans son registre.

Il doit s'informer très-exactement des nouveaux soldats, si leur engagement est volontaire, s'ils n'ont point d'incommodités qui les empêchent de servir, prendre leur signalement, leur âge, leur pays, leur profession, et viser leur engagement.

Lorsqu'il en soupçonne de désertion d'autres corps, il doit les questionner en particulier et les retourner de façon à en tirer l'aveu; alors, et s'il les reconnaît par leur signalement, il doit les arrêter et les conduire devant un commissaire qui, après avoir constaté ce délit, charge cet inspecteur de les conduire en prison.

Il doit aussi former un état au bout de chaque mois de tous les hommes qui ont été engagés à Paris pendant ce temps, et le remettre au magistrat, auquel il en donne un général au bout de l'année.

L'inspecteur est chargé de veiller sur la conduite des recruteurs et de tous les soldats qui sont à Paris, d'arrêter les soldats qu'il apprend commettre des désordres, ou contre lesquels il y a des plaintes raisonnables, et qui n'observent point la discipline qui leur est imposée; tous les déserteurs, ceux qui se trouvent dans la capitale sans congés ou qui ne se sont pas conformés à ce qu'ils doivent faire pour les constater; enfin ceux qui restent à Paris au delà du temps qu'ils y doivent être; il les conduit devant un commissaire qui les envoie en prison.

Son inspection s'étend même sur les officiers qui sont en semestre à Paris, quoiqu'ils ne soient obligés, par rapport à leur séjour, d'observer à son égard aucune formalité relative à sa partie, et seulement pour tâcher de découvrir quels ils sont, et pouvoir rendre compte au magistrat de la conduite qu'ils y tiennent;

il visite pour cela les promenades publiques et les spectacles, auxquels il a ses entrées.

Enfin il fait aussi des patrouilles dans les rues et des visites de nuit dans les maisons des logeurs et dans [les] autres endroits suspects où peuvent se trouver des soldats pour veiller sur leur conduite. Un commissaire se transporte aussi avec ces patrouilles pour décider et ordonner les emprisonnements des soldats qui peuvent être trouvés en contravention aux ordonnances. Ces patrouilles ne se font point les mêmes jours que celles de la sûreté, dont elles remplissent en même temps les objets.

L'inspecteur de la partie militaire doit, comme les autres, rendre compte au magistrat de tout ce qu'il fait et apprend relativement à son district. Cette partie renferme donc trois objets : le premier est de veiller sur tous les soldats qui peuvent se trouver à Paris, et qui, n'étant pas pendant ce temps sous la discipline de leur corps, pourraient se livrer à toutes sortes de désordres capables de troubler la tranquillité et le repos des citoyens; le 2e de forcer les soldats à rejoindre leurs régiments aussitôt que leurs congés sont expirés et de maintenir ainsi l'exactitude du service du roi; le 3e enfin d'empêcher les enrôlements forcés qui ne peuvent jamais faire que des mauvais soldats en France, et de prévenir et réprimer tous les abus que peuvent commettre dans les engagements ceux qui les font contracter.

## ARTICLE VII. — DES FEMMES PROSTITUÉES.

### § 1. — *Quel est le système relativement aux filles de joie? (question 11e).*

Il y a des lois fort sévères en France contre les femmes de mauvaise vie; mais, comme le remarque l'auteur du ***Traité de la Police***[1], une longue expérience a fait connaître qu'il était impossible d'abolir totalement le vice de la prostitution sans tomber dans d'autres désordres incomparablement plus dangereux à la religion, aux mœurs et à l'État; et à l'exemple des plus sages républiques de l'antiquité qui l'avaient reconnu dans leurs temps, on a été obligé de prendre le parti de la tolérance, en adoptant à

1. De la Mare.

cet égard cette maxime qui convient à toute espèce de gouvernement, et singulièrement en matière de police, *qu'il est quelquefois nécessaire de souffrir un mal pour procurer un bien, ou pour prévenir un mal plus considérable.* L'une des principales considérations qui ont dû déterminer cette tolérance, est la sûreté même des femmes honnêtes, qu'elle garantit des entreprises de la violence auxquelles autrement elles seraient exposées de la part des libertins et des hommes de débauche que leur dépravation entraîne chez les femmes prostituées où ils trouvent toute la facilité qu'ils cherchent de satisfaire leur brutalité. Ainsi cette même tolérance tient essentiellement au repos public, à l'honneur des familles, à la tranquillité des citoyens.

Quoiqu'il y ait beaucoup de ces femmes à Paris, elles n'y causent cependant aucun désordre par l'exactitude avec laquelle elles sont contenues. La sévérité des punitions qu'elles subissent pour les causes les plus légères, l'infamie de leur état, le traitement auquel elles sont exposées, l'affreuse misère à laquelle elles sont réduites pour le très-grand nombre, les rendant les plus malheureuses, comme les dernières des créatures, il n'y a point à craindre que l'exemple de leur débauche puisse entraîner la corruption de celles qui n'y sont point tombées. Il est plus capable d'inspirer l'horreur générale que de porter la moindre atteinte aux mœurs, et rien ne prouve peut-être mieux l'impossibilité d'empêcher qu'il n'y ait de ces sortes de femmes. Elles sont toutes de la lie du peuple; ce sont pour la plupart des filles qui ont été domestiques, et qui se sont débauchées avec des hommes de leur espèce, et qui chassées ensuite de chez leurs maîtres se sont trouvées sans aucune sorte de ressource; ou des ouvrières que l'oisiveté a entraînées dans le libertinage et ensuite dans le dernier excès où il peut conduire.

### § 2. — *Police générale relative aux femmes prostituées, appelées aussi femmes du monde.*

On peut les diviser en trois classes. La plus nombreuse renferme celles qui raccrochent les hommes de toute espèce dans les rues. La 2e renferme celles qui reçoivent seulement chez elles un certain nombre d'hommes qui y vont d'habitude. Elles font aussi des parties de débauche avec d'autres hommes à la relation de certaines femmes dont le métier est de les produire ainsi, ou qui tiennent chez elles de mauvais lieux. La troisième enfin est composée des femmes entretenues par les personnes de tous les rangs, ou qui n'ont à ce titre qu'un homme à la fois.

Ces différentes classes sont surveillées avec la même attention. Par rapport à la première, toutes celles qui sont surprises à quelque heure que ce soit par les patrouilles de la garde et autres raccrochant dans les rues sont arrêtées, conduites devant les commissaires, et envoyées dans une prison qui leur est particulièrement destinée, où elles restent jusqu'au jugement du magistrat, qui les condamne ordinairement à être enfermées dans une maison de force pendant trois mois pour la première fois, et plus longtemps à proportion des récidives dans lesquelles elles peuvent être tombées à cet égard.

Elles ne paraissent guère dans les rues en plein jour, par rapport au danger qu'elles courraient d'être plus tôt arrêtées, et plus encore parce qu'elles trouveraient peu d'hommes qui voudraient s'arrêter publiquement à elles. Quelques unes se mettent à leurs fenêtres et y font les signes les moins apparents qu'elles peuvent, parce que cette manière de raccrocher leur est très-sévèrement défendue, et qu'elles ne tardent pas à être punies lorsque la police en a avis, ce qui arrive bientôt par les plaintes que le voisinage ne manque pas d'en porter.

Lorsqu'il arrive du tapage dans quelque mauvais lieu, soit qu'elles l'aient excité elles-mêmes, soit qu'elles n'en soient que la simple occasion, le premier commissaire qui en est averti s'y transporte avec la garde, fait arrêter les femmes et les envoie en prison; et si les hommes se trouvent encore et que ce soient des libertins ou des tapageurs sans état, ils sont punis de la même manière.

Les commissaires font aussi des visites de nuit chez celles dont les voisins ont eu lieu de se plaindre à raison du bruit et du scandale qu'elles occasionnent, et les envoient en prison. Elles sont arrêtées pour les moindres indécences qu'elles laissent apercevoir chez elles du voisinage, et même lorsqu'elles paraissent à leurs fenêtres d'une manière capable de blesser la modestie.

Il est défendu expressément par les ordonnances aux propriétaires des maisons et à ceux qui les tiennent à loyer de les louer à ces femmes publiques, ce qui fait qu'elles trouvent fort difficilement à se loger, et les oblige de déloger très-fréquemment; et lorsqu'il est constaté que quelqu'un les favorise, ou les garde au moyen de ce qu'elles lui paient leur logement beaucoup plus cher qu'il ne vaut et qu'il y arrive du désordre ou qu'il se passe un scandale ordinaire, le propriétaire ou autre qui fait ce commerce est puni lui-même très-sévèrement, soit par une amende considérable, soit par la fermeture de sa maison, soit même par sa détention personnelle ordonnée par le magistrat.

Ainsi tous les moyens possibles sont mis en usage par la police pour empêcher que le nombre de ces femmes ne devienne excessif, et pour les faire renoncer à leur infâme métier.

§ 3. — *Autres soins de la police par rapport au même objet.*

L'un des objets les plus essentiels dans cette partie doit être d'empêcher la corruption des jeunes filles de la part des femmes qui font commerce de les prostituer. Les peines ordinaires contre ces sortes de femmes, lorsqu'elles sont convaincues de ce crime, sont d'être promenées par le bourreau plusieurs jours de suite dans les rues de Paris montées sur un âne, le visage tourné à l'opposite de la tête de l'animal, ayant écriteau devant et derrière portant la cause de la peine qu'elles subissent; elles sont fustigées dans les carrefours et places publiques destinées aux exécutions afflictives, [marquées] ensuite du fer chaud, et renfermées pour leur vie dans un hôpital.

Il y a un inspecteur qui a le district général de toutes les femmes de débauche, qui est chargé de faire toutes les recherches et les observations qui peuvent les concerner, et d'en rendre compte au magistrat. Cet officier inscrit sur un registre toutes les femmes qui tiennent un mauvais lieu, c'est-à-dire celles qui ont chez elles plusieurs femmes qu'elles prostituent aux hommes qui fréquentent ces sortes d'endroits. Il doit veiller très-particulièrement à ce qu'elles n'en reçoivent aucunes et ne les laissent communiquer avec des hommes, à moins qu'elles n'aient déjà été prostituées.

Lorsqu'il s'en présente quelqu'une qui n'est point connue pour telle, elles sont expressément tenues de les présenter à cet officier qui doit lui faire toutes les questions nécessaires pour savoir si elle a eu jusque là affaire à quelque homme. Si par ses réponses il aperçoit que non, il doit en rendre compte sur le champ au magistrat qui fait avertir les parents et la leur fait remettre, en leur enjoignant d'avoir plus d'attention à l'avenir sur sa conduite.

Si au contraire la fille soutient qu'elle a été débauchée, la femme chez qui elle se propose d'entrer doit, avant que de la recevoir, faire constater le fait par un chirurgien ou une sage femme connue, et dont elle doit remettre le certificat en forme à l'inspecteur.

Ce n'est qu'en observant ces règles que les femmes qui tiennent des maisons de cette espèce se mettent à l'abri des plaintes et des poursuites des parents, sur lesquelles elles seraient punies avec la plus grande sévérité.

### § 4. — *Femmes entretenues.*

Cette classe de femmes est peut-être la plus dangereuse de toutes, parce que le faste qu'elles étalent aux dépens et à la ruine de ceux à qui elles appartiennent peut en séduire beaucoup d'autres; mais comme le nombre de ceux qui donnent dans cette extravagante prodigalité n'est pas considérable, parce qu'il n'y a en effet que des gens qui jouissent d'une très-grande fortune qui puissent atteindre à ces créatures, il s'en suit qu'il ne peut y en avoir une grande quantité. D'ailleurs la plupart de celles qui sont dans ce cas sont des filles de spectacle, et toutes celles que l'envie de faire fortune ou de faire paraître sur le même ton pourrait entraîner au libertinage ne peuvent pas monter sur le théâtre, ni se flatter de trouver les mêmes occasions.

La police n'est pas moins attentive sur ce qui concerne les femmes entretenues que sur ce qui regarde les femmes publiques. Lorsqu'en vertu de l'ascendant qu'elles prennent sur ceux qui ont la faiblesse de se livrer à elles, et pour parvenir plus tôt à les ruiner, elles leur font faire des engagements excessifs à leur profit personnel, que, revenus de leur premier égarement, ils reconnaissent qu'ils ont été dupes, et qu'ils réclament contre ces engagements auprès du magistrat de police, le magistrat oblige ces filles à s'en désister; il les punit encore plus sévèrement lorsqu'elles ont abusé du défaut de conduite et d'expérience des jeunes gens de qualité et autres, à l'égard desquelles elles ont agi de la même manière ou par d'autres moyens qui occasionnent également leur ruine.

### § 5. — *Si les filles de joie sont employées à l'espionnage (question 13°).*

Dans l'indispensable nécessité de souffrir la débauche des femmes publiques à Paris, la police a cherché du moins à en tirer tous les avantages qu'il était possible de s'en procurer en faveur du bien public. Elles sont obligées en conséquence de faire une attention particulière aux hommes qui circulent chez elles, de recueillir les discours qu'ils peuvent tenir contre le gouvernement, les complots et les projets qu'ils peuvent avoir au préjudice de la sûreté et de la tranquillité publique[1], et si elles découvrent que quelques-uns d'eux ont commis un vol, un assassinat ou d'autres crimes, elles sont obligées de les dénoncer à l'inspecteur ou aux officiers de la sûreté qu'elles doivent faire avertir sur le champ en tâchant de retenir ces sortes de gens jusqu'à leur arrivée. Si elles ne peuvent pas les faire rester chez elles, elles doivent employer tous les moyens possibles pour savoir qui ils sont, leur demeure, ou se procurer au moins des renseignements capables d'en faciliter la découverte. Il en est de même de tous les gens suspects et dangereux qui les fréquentent. Pour peu qu'il soit reconnu qu'elles aient manqué à ces devoirs qui leur sont très-étroitement imposés, elles sont arrêtées et punies par une détention plus ou moins longue dans une maison de force. Elles sont d'ailleurs gratifiées lorsqu'elles ont donné quelque avis utile.

Dans le nombre de celles qui sont arrêtées et enfermées pour d'autres cas, il s'en trouve quelquefois qui obtiennent leur liberté à la faveur des découvertes qu'elles font, et dont elles donnent avis aux inspecteurs de la sûreté sur le compte d'autres femmes enfermées avec elles, auteurs ou complices de différents crimes. La même chose arrive aussi à l'égard des hommes détenus dans les maisons de force.

### ARTICLE VIII. — POLICE DES JEUX.

Il ne s'agit, sous ce titre, que de ceux où l'on risque de l'argent pour en gagner. Ils sont de deux espèces, savoir : les jeux de hasard, et les jeux appelés de commerce. Les premiers sont sévèrement défendus par les ordonnances, même dans les sociétés ordinaires, parce que, n'étant point bornés, ils intéressent la for-

---

1. Louis XV se faisait communiquer chaque jour la liste des personnes qui étaient entrées dans les mauvais lieux, et cette chronique scandaleuse faisait ses délices. (Cf. Peuchet, *Mémoires tirés des archives de la police*, passim.)

tune des particuliers, et que l'entêtement peut conduire un joueur, quelque riche qu'il soit, à se ruiner en un instant. Les jeux de commerce sont ceux qui sont assujettis à des règles et à des combinaisons, et dans lesquels il entre peu de hasard; ils ne sont néanmoins que tolérés.

Il y a à Paris, pour ceux qui ne sont point répandus dans les sociétés, des endroits que l'on nomme *Académies de jeux*, où sont admis tous ceux qui veulent jouer aux jeux de commerce. Ces Académies sont sous l'inspection immédiate de la police, et ne peuvent se former sans la permission du magistrat; elles sont expressément défendues autrement.

Les maîtres de ces Académies reçoivent une rétribution de ceux qui vont jouer chez eux. Ils doivent rendre compte exactement à l'inspecteur chargé de cette partie des gens qui fréquentent leurs Académies, et apporter la plus grande attention à découvrir et à dénoncer ceux qui pourraient commettre des friponneries en jouant [ou] en faisant jouer quelqu'un de malheur. Les fripons qui sont découverts dans ces endroits sont arrêtés et mis en prison, et ensuite exilés de Paris.

Si la tolérance de ces endroits, où sont reçus ceux qui veulent jouer, paraît d'abord devoir entraîner quelques inconvénients, elle en prévient en même temps une infinité d'autres[1], elle empêche qu'il ne se tienne à l'insu de la police des assemblées de la même espèce dans beaucoup de maisons inconnues ou suspectes; que le goût des jeux de hasard, qui ne manqueraient pas d'y être introduits, ne devienne plus général; elle évite la ruine et la perte des citoyens et la plupart des malheurs et des désordres que cette passion peut entraîner.

L'inspecteur doit faire des recherches très-exactes pour savoir toutes les maisons où il pourrait arriver que l'on jouât à des jeux de hasard. Il a, à cet effet, des gens dans différents quartiers pour l'aider à faire ces découvertes dont il doit rendre compte aussitôt au magistrat.

Lorsqu'il apprend que quelques particuliers donnent à jouer sans permission pour en tirer profit, soit à des jeux de hasard,

---

1. Ce n'est pas sur M. de Sartine que doit retomber le blâme d'avoir institué les maisons de jeu. Une délibération du conseil et l'obtention de lettres patentes plaçaient cette immorale institution au-dessus et en dehors de son pouvoir. (Horace Raisson, *Histoire de la police de Paris*, p. 143.)

soit même à des jeux tolérés, il se transporte avec 2 commissaires dans les maisons de ces particuliers au moment où ceux-ci s'y attendent le moins; il saisit, en présence des commissaires, les dés, cartes et ustensiles qui servent à ces jeux, ainsi que l'argent qui se trouve sur les tables. Tout cela est constaté par un procès-verbal dressé par les commissaires, de l'ordonnance desquels les particuliers qui tiennent ces académies sont assignés au tribunal du magistrat, qui les condamne en 3,000 livres d'amende, qui est la peine prononcée par les ordonnances, et ordonne, en outre, la confiscation de l'argent et autres choses qui ont été saisies au profit de l'hôpital des malades appelé Hôtel-Dieu.

La plupart des dénonciateurs des jeux de hasard sont eux-mêmes des joueurs ordinairement invités à toutes les parties considérables, ou ils sont ce que l'on appelle *banquiers*[1]. Ils tiennent le fonds du jeu avec l'argent de ceux qui veulent s'y intéresser. Ces banquiers sont le plus souvent d'une classe que l'on appelle à Paris *chevaliers d'industrie*, sur lesquels on veille très-particulièrement. Comme ils craindraient d'être punis s'ils se trouvaient dans ces parties clandestines sans en donner avis, ils ne manquent pas d'en avertir l'inspecteur. Cet avis leur tient lieu de permission, c'est-à-dire qu'il les met à l'abri de ce qu'ils auraient à craindre s'ils agissaient d'une autre manière.

Les commissaires qui sont spécialement chargés de la police des jeux font des visites la nuit dans les endroits où l'on donne à jouer et particulièrement dans les jeux de billard. Ils sont assistés de l'inspecteur, qui arrête les crocs[2] et autres gens suspects qui s'y trouvent; ils empêchent aussi que l'on n'y joue à des heures indues.

---

1. « Il y avait des banquiers affidés à la police; on ne se rappelle pas qu'aucun d'eux ait jamais donné lieu à une plainte fondée. Ils rendaient à la police soit une somme fixe, soit une somme proportionnée aux bénéfices. Les sommes et deniers ainsi reçus étaient tenus dans une caisse particulière. » On les destinait aux malades, aux « vénériens, » aux pauvres de toute sorte et notamment aux pauvres honteux. (*Souvenirs historiques de Le Noir*, publiés par Peuchet dans les *Mémoires tirés des archives de la police*, tome III, p. 41.)

2. Ancienne variante du mot *escroc*.

### ARTICLE IX. — DES USURIERS CONNUS SOUS LE NOM DE PRÊTEURS SUR GAGES.

Le mot *usure* signifie, dans le droit français, tout intérêt illicite et défendu par les lois.

Cette matière ne concerne point directement la police. Le soin de punir les usuriers suivant les lois regarde les tribunaux ordinaires, c'est-à-dire ceux qui sont établis pour exercer la justice civile et criminelle.

La police se borne à assurer à l'emprunteur, en payant au terme convenu ce qu'il doit, suivant les conditions du prêt, la restitution des effets qu'il a donnés en gage à l'usurier pour sûreté de la dette, dont celui-ci ne donne jamais de reconnaissance. Comme ces effets sont toujours d'une valeur beaucoup plus considérable que le principal et les intérêts, les prêteurs sur gages, avant l'établissement de cette partie, employaient tous les moyens qu'ils pouvaient imaginer pour éloigner eux-mêmes leur paiement, afin d'avoir le prétexte de profiter plus longtemps de l'intérêt énorme qu'ils se faisaient payer, et de consommer ainsi la valeur du gage; ou bien sur le fondement qu'ils n'avaient pas été satisfaits à l'échéance précise du paiement, ils supposaient avoir vendu les effets, ou en disposaient réellement, et n'en tenaient compte que sur un pied fort au-dessous de leur véritable valeur, en sorte que, outre les intérêts, les emprunteurs essuyaient encore une perte très-considérable sur ces nantissements.

L'impossibilité d'établir la preuve de ces exactions et de ces infidélités rendant les lois insuffisantes contre la plupart de ces usuriers, il a fallu avoir recours à des moyens particuliers pour arrêter ce brigandage. La difficulté d'abolir les usuriers étant à peu près la même que celle d'empêcher les gens qui ont besoin d'eux d'y avoir recours, on a considéré qu'une tolérance conditionnelle, c'est-à-dire assujettie à des règles capables de prévenir les abus auxquels il s'agissait de remédier principalement, était le seul et le meilleur parti qu'il y eût à prendre. On leur a donc laissé la liberté d'exercer leur usure, c'est-à-dire d'exiger tel intérêt qu'ils jugeraient à propos, pourvu que cet intérêt fût convenu d'accord avec les emprunteurs et à condition de ne faire leur métier que sous les yeux de la police, en observant les règles qui leur furent prescrites.

*Règles auxquelles sont assujettis les prêteurs sur gages.*

Le commerce du prêt sur gages se fait ordinairement par le ministère de courtiers qui ont à leur disposition des gens qui veulent faire valoir leur argent à gros intérêts ; ils les appellent leurs *bourses*. Les courtiers sont tenus d'avoir des livres pour inscrire : 1° les noms de ceux qui empruntent ; 2° les sommes prêtées ; 3° la nature des effets mis en gage ; 4° et les noms de ceux qui ont prêté et chez qui doivent se trouver les effets. Ces courtiers sont assujettis à porter tous les huit jours leurs livres à l'inspecteur, qui en prend un relevé qu'il transcrit sur un registre. Si la *bourse* prête elle-même, sans le ministère d'un courtier, elle est assujettie aux mêmes formalités.

Par ce moyen l'on trouve constaté : la nature de l'effet mis en gage, — le montant de la somme prêtée, — le nom de celui à qui appartient l'effet ou qui l'a mis en gage, — et l'endroit où on peut le réclamer. Par ce moyen le prêteur ne peut pas demander plus forte somme que celle qu'il a prêtée, à la réserve des intérêts sur lesquels on ferme les yeux. Par ce moyen, enfin, le prêteur ne peut pas disposer de l'effet mis en gage sans avoir mis l'emprunteur en demeure de le retirer et sans le faire ordonner en justice.

Faute par les prêteurs sur gages de se conformer aux règles que l'on vient de rapporter, le magistrat les punit en les faisant arrêter ou même en les faisant enfermer ; quelquefois même, suivant la gravité des circonstances, on les abandonne à la justice ordinaire, s'il y a des preuves suffisantes pour leur faire leur procès.

Il y a un commissaire nommé par le magistrat, auquel il renvoie les plaintes qui lui sont portées contre les prêteurs sur gages, et qui est chargé de régler les contestations qui peuvent s'élever entre eux et les emprunteurs sur les conventions qu'ils ont faites ensemble ; et lorsqu'il ne peut pas les concilier, il en fait son rapport au magistrat, qui décide lui-même les difficultés dont il s'agit.

Un inspecteur de police est aussi chargé dans cette partie de découvrir ceux qui font le métier de prêteurs sur gages, et en cas que ceux qu'il parvient à connaître refusent de se conformer aux règles qu'ils doivent suivre, il en rend compte au magistrat, qui emploie l'autorité pour les y contraindre. Cet inspecteur tient un registre où sont inscrits tous les usuriers de cette espèce.

L'inconduite, le libertinage, la prodigalité et les autres vices qui conduisent à la perte de la fortune, et qui rendent même une partie des hommes à charge aux autres, étant la source intarissable qui entretient la cupidité et l'avarice des usuriers, la police, en veillant sur eux, acquiert en même temps la connaissance d'une partie de ceux dont les désordres méritent d'attirer particulièrement son attention, et cette connaissance a son utilité dans les circonstances où l'autorité du magistrat est sollicitée par des familles intéressées à s'opposer à ces déportements, et dans les occasions où le magistrat peut avoir à prendre d'office un parti contre ces mêmes personnes.

### ARTICLE X. — DES CHARLATANS, OPÉRATEURS ET DISTRIBUTEURS DE REMÈDES.

*Quel est le système de la police, par rapport aux charlatans? (question 11e).*

On comprend sous le titre de charlatans tous ceux qui, sans un titre pour exercer la médecine, la chirurgie et la pharmacie, se mêlent du traitement des maladies, de composer et de débiter des remèdes. Les ordonnances, sur cet objet essentiel, défendent expressément à toutes personnes qui n'ont point acquis la qualité de médecin, de chirurgien ou d'apothicaire, de voir des malades, de faire aucune occupation[1] chirurgicale, de composer, débiter et administrer aucune sorte de remèdes. Cependant il y a toujours eu des charlatans; quelques précautions qui aient été prises, il n'a jamais été possible de les détruire.

L'inutilité des défenses les plus sévères ayant fait connaître que cet abus est du nombre de ceux qu'il est impossible d'empêcher, il parut que tout ce que l'on pouvait faire de mieux à cet égard était de chercher et de mettre en pratique les moyens qui pouvaient en diminuer les inconvénients. On s'était aperçu que plus les recherches contre ces sortes de gens étaient multipliées, plus ils devenaient dangereux, parce qu'ils se cachaient avec plus de soin, qu'il était bien plus difficile de les découvrir, et par conséquent de veiller sur eux. Ces motifs importants ont fait prendre

1. Il faut évidemment lire *opération*.

le parti de les tolérer à condition qu'ils se feraient connaître eux et leurs remèdes, qu'ils n'en distribueraient aucuns, dans quelque endroit que ce soit, sans une permission expresse des magistrats et juges de police des lieux.

Louis XIV établit une commission royale pour l'examen de tous les remèdes qu'ils voudraient débiter. Il la composa de son premier médecin et de deux autres de ses médecins ordinaires, de son premier et de deux autres chirurgiens de service près de sa personne, du doyen de la Faculté de médecine de Paris et de trois apothicaires dont deux du roi et un du corps des apothicaires de la capitale. Il ordonna que tous ceux qui prétendraient avoir des secrets pour la guérison des malades et qui voudraient débiter leurs drogues, seraient tenus de remettre à son premier médecin la recette de leurs remèdes avec les remèdes tout composés pour être examinés et éprouvés par la commission, après quoi, en cas qu'ils pussent être distribués sans inconvénient, son premier médecin leur en délivrerait un brevet d'approbation.

Il fit, en conséquence, les défenses les plus expresses à tous les charlatans de débiter aucunes drogues sans y être autorisés par de pareils brevets, et même d'en faire le débit malgré ces brevets sans les représenter aux juges de police des lieux où ils feraient cette distribution, et sans en obtenir leur permission.

Il leur fut de plus enjoint de se représenter au premier médecin à l'expiration du temps où ces brevets devaient cesser de leur servir, pour les faire renouveler, afin que l'on pût examiner si leurs remèdes étaient toujours les mêmes, et si depuis qu'ils en faisaient le débit, il n'avait pas été fait de plaintes sur la qualité et les effets de ces mêmes remèdes.

Au surplus ces mêmes lois leur interdirent totalement de visiter les malades, d'ordonner aucun remède et de s'immiscer dans aucune opération chirurgicale. Enfin ils furent réduits à vendre leurs drogues dans les places publiques et par eux-mêmes, leur étant absolument interdit de faire faire ce débit par d'autres, ou dans des bureaux fixes annoncés au public par des placards affichés, afin que l'on ne pût les distribuer ailleurs ; et à l'égard des avis qu'ils répandent pour faire connaître leurs remèdes, il leur fut encore enjoint d'exprimer toutes les espèces de maux auxquels ils pouvaient être propres, conformément à la teneur de leurs brevets, pour que ceux qui les achèteraient pussent savoir exactement l'usage pour lequel ils avaient été approuvés.

La sagesse de ces règlements ne laissait rien à désirer; tous les inconvénients y sont prévus et écartés, mais ils ne pouvaient empêcher totalement, dans une ville telle que Paris, l'exercice clandestin du charlatanisme. Il était très-intéressant de faire en même temps les recherches les plus exactes des charlatans, et les forcer tous de s'y conformer; on ne pouvait mieux y réussir qu'en formant de cet objet une branche particulière de la police, ce qui a été fait.

Il y a donc un inspecteur de police chargé spécialement du détail de cette partie.

Les charlatans et distributeurs de remèdes doivent se faire enregistrer chez lui par leurs noms, surnoms, demeures et pays, lui représenter les permissions qu'ils obtiennent du magistrat pour le débit de leurs remèdes, avec leurs brevets d'approbation dont l'inspecteur fait également mention sur son registre, et lorsqu'ils changent de demeures, ils sont également tenus de venir le lui déclarer, et il en fait note sur le même registre.

Il y porte aussi toutes les plaintes qui lui parviennent contre eux, soit relativement aux mauvais effets de leurs remèdes, soit par rapport aux manœuvres, aux abus de confiance et aux vexations qu'ils peuvent avoir commis pour se faire payer exorbitamment ou tromper les malades dont ils ont entrepris la guérison, entreprises que l'on tolère seulement par rapport à ceux qui ont été abandonnés des gens de l'art.

Lorsque chaque charlatan est surpris traitant des malades ordinaires, et surtout lorsqu'il arrive que par son impéritie il a empiré l'état d'un malade de cette espèce, et mis sa vie en danger, le magistrat le punit en le faisant arrêter et mettre en prison, et en l'exilant de Paris. Il agit de même à l'égard de ceux qui distribuent des drogues sans permission; s'il était constaté que la mort de quelqu'un eût été la suite de l'administration d'un remède non approuvé et reconnu dangereux, le charlatan qui en aurait fait l'application serait dans le cas d'être puni corporellement.

Pour les porter plus facilement à se faire connaître le magistrat accorde des permissions tacites à ceux qui, se proposant de distribuer des remèdes, n'ont pas pu encore remplir les formalités nécessaires pour les faire approuver; mais il ne donne ces permissions qu'après avoir consulté lui-même le doyen de la Faculté de médecine de Paris sur la nature et la destination de ces remèdes, et elles n'ont lieu que pour le temps nécessaire pour qu'ils puissent les faire éprouver et approuver en la manière ordinaire.

Tous les mémoires et placets qui sont présentés au magistrat contre ces sortes de gens sont renvoyés à un commissaire pour en faire l'examen, entendre les parties, etc. Lorsqu'il ne peut statuer lui-même sur ce dont il s'agit, il marque au magistrat ce qu'il estime y avoir à faire suivant les circonstances.

L'inspecteur remet tous les mois au magistrat un état de tous les nouveaux charlatans qui se sont présentés et ont obtenu des permissions, et à la fin de l'année un état général de tous ceux qui, pendant ce temps, se sont établis ou n'ont fait qu'un séjour momentané ou de passage à Paris.

L'envie et la jalousie qu'ils ont les uns contre les autres les porte à se dénoncer réciproquement. Il en est, d'ailleurs, que l'inspecteur emploie et paie comme *mouches* pour épier les autres, de façon qu'il est presque impossible qu'il en existe à Paris sans être connus, ni que ceux qui le sont puissent s'écarter de la discipline et des règles qui leur sont prescrites sans que [le magistrat ne] le sache, et que leurs contraventions ne soient réprimées et punies aussitôt que commises.

Au moyen de ces précautions les charlatans sont très-peu dangereux à Paris, et l'on peut dire même qu'ils y sont utiles : 1° ils distribuent des onguents ou des baumes propres à toutes sortes de maux et de blessures extérieures; ils les donnent à grand marché; c'est un secours et un soulagement pour le peuple; 2° à l'égard des remèdes qui sont de nature à être pris intérieurement, ils ne sont la plupart composés que de drogues très-simples, dont l'usage ne peut être dangereux dans aucun cas; leur distribution ne serait pas permise autrement. Le bas prix de ces remèdes est encore un avantage pour le peuple. Cette classe d'hommes, dont les corps se purgent incessamment par la fatigue, étant peu sujette aux maladies et aussi peu accoutumée à l'usage des drogues, trouve le plus souvent dans ces mêmes remèdes, sans le secours et l'attirail des gens de l'art, tout ce qu'il lui faut pour chasser aisément et promptement les humeurs plus tenaces qui peuvent leur causer des incommodités passagères; 3° enfin dans la multitude de ces remèdes, il s'en trouve quelquefois qui méritent la plus grande attention par leur succès sur un nombre de différentes maladies qui résistent communément aux règles de la médecine. Le bien de l'humanité exige qu'on ne ferme aucune des voies qui peuvent conduire à ces découvertes. Ces considérations semblent suffire par elles-mêmes pour déterminer la tolérance des charlatans, et paraissent former tout le système sur lequel elle est appuyée.

### ARTICLE XI. — NETTOIEMENT DE PARIS.

*Quel est le système de la police relativement : 1° à la propreté des rues; 2° à l'entretien du pavé? Comment il est pourvu à ces objets (question 14°).*

Un entrepreneur général est chargé de faire faire l'enlèvement des boues et immondices qui salissent les rues, et de toutes les ordures qui sortent des maisons, que les habitants sont dans l'usage de déposer à leurs portes. Cet entrepreneur a des sous-entrepreneurs qui n'ont affaire qu'à lui, qu'il paie, et qui fournissent les tombereaux et les hommes nécessaires pour l'enlèvement pendant toute l'année. Ces sous-entrepreneurs sont des laboureurs qui cultivent des terres aux environs de la ville. Les mêmes chevaux leur servent au labour et au nettoiement de Paris, d'où il résulte que ces chevaux ne leur coûtent rien pour leur service particulier, et que, indépendamment du gain qu'ils peuvent faire dans cette entreprise, c'est pour eux un avantage très considérable qui fait qu'elle est recherchée et se fait à bien meilleur compte que s'il fallait que l'entrepreneur général eût des voitures et des chevaux à lui qui ne seraient employés qu'à l'enlèvement.

Chaque sous-entrepreneur a son quartier séparé, et fournit le nombre de voitures qu'il faut à proportion de l'enlèvement. Cet enlèvement a lieu exactement tous les jours, et commence dans l'hiver entre 8 et 9 heures du matin, et l'été entre 7 et 8 heures. Tous les habitants sont obligés de balayer les rues chacun devant sa maison avant l'heure de l'enlèvement. Un homme gagé dans chaque quartier part tous les matins de chez le commissaire ancien, une demi-heure avant que l'on commence l'enlèvement; il avertit avec une sonnette dans les principales rues de faire le balayage, qui, de cette manière, se fait partout en même temps.

4 commissaires, commis par le magistrat, et qui ont chacun leur département séparé, font tous les matins une visite dans une partie de leur département, pour constater les contraventions des bourgeois qui ne se sont point acquittés du devoir du balayage, et ces bourgeois, qu'ils font assigner au tribunal de police, sont condamnés chacun à une amende sur leur rapport.

Il y a aussi 6 inspecteurs particuliers pour le nettoiement, chargés de veiller sur le service des entrepreneurs et de rendre compte, tant au magistrat qu'aux commissaires, des négligences dont ils s'aperçoivent dans ce service, soit de la part des entrepreneurs, soit de la part des bourgeois qui ne balaient point exactement.

De son côté l'entrepreneur général a des gens qu'il commet pour surveiller ces entrepreneurs particuliers, dont il est entièrement responsable. Les mêmes inspecteurs sont obligés de donner pareillement avis des embarras qui peuvent être causés dans les rues par les entrepreneurs de bâtiments et autres personnes qui gênent ou salissent la voie publique dans les rues, et qui doivent éviter ces embarras et nettoyer particulièrement à leurs frais les places qu'ils occupent.

Les boues et immondices sont portées hors de la ville par les voitures qui en font l'enlèvement dans des dépôts appelés *voiries*, qui sont des fosses très-considérables pratiquées exprès pour les recevoir. Ces amas sont de la plus grande utilité et fournissent le meilleur et le plus abondant de tous les engrais pour les terres des environs de Paris. Les gens de la campagne viennent de plusieurs lieues de distance les enlever pour les répandre sur leurs terres, dont une partie rapporte des grains tous les ans, et l'autre des herbages et des légumes de toutes les saisons, et dans une quantité immense pour la consommation de Paris, en sorte qu'il n'en coûte rien pour vider ces voiries, qui sont seulement entretenues aux dépens du roi.

Le marché du nettoiement vis-à-vis de l'entrepreneur général se fait par bail pour plusieurs années de suite, et s'adjuge par un arrêt du conseil. Il y a des fonds destinés pour cette dépense, et pour toutes celles accessoires à cet objet.

C'est le même entrepreneur qui est chargé des réparations des voiries, de l'enlèvement des glaces et des neiges dans les rues; ces travaux sont compris dans son marché, mais les nouvelles voiries qu'il s'agit d'établir se font aux dépens du roi.

L'enlèvement des gravats, recoupes de pierres et autres parties de matériaux provenant des bâtiments et autres travaux de quelque espèce que ce soit regarde directement, soit les particuliers qui ont fait construire ou travailler des ouvriers, soit les entrepreneurs, qui sont tenus de faire nettoyer à leurs frais les places où les matériaux, terres, gravois et immondices ont été déposés par eux ou de leur ordre. Ce nettoiement ne regarde en aucune manière l'entrepreneur général.

Le sang et les immondices des boucheries, les fumiers qui sortent des étables où sont renfermés les bestiaux, les fumiers des écuries des particuliers, et généralement tout ce qui ne peut être conservé dans la ville sans préjudicier au nettoiement, doivent être enlevés et portés au dehors aux frais de ceux de chez qui proviennent ces différentes choses, qu'il est défendu de déposer dans les rues et de faire sortir des maisons qu'au moment même où on les fait enlever. Cet enlèvement ne regarde en aucune façon les entrepreneurs du nettoiement, à qui même il est expressément défendu de l'entreprendre, parce qu'ils ne le pourraient faire qu'en négligeant l'objet principal qu'ils sont obligés de remplir.

Toutes les immondices et ordures dont l'enlèvement est sur le compte des particuliers se portent dans les voiries publiques dont on a parlé plus haut. Comme ces dépôts servent à fumer les terres, il est défendu d'y jeter des pierres, gravois et autres choses qui pourraient être préjudiciables à la culture, et détourner les gens de campagne d'aller aux voiries chercher ces engrais.

Il y a encore d'autres voiries particulières hors Paris pour les matières fécales qui proviennent de la vidange des fosses d'aisances construites dans toutes maisons de la ville. Les voiries de cette espèce fournissent encore un fumier qui contribue très-puissamment à la fertilité des terres, lorsque le temps en a éteint la première chaleur. Il est défendu aux gens de la campagne d'enlever ces matières avant que cela soit permis par le magistrat.

A l'égard du pavé des rues et places publiques, c'est un objet à part qui n'est point du district du magistrat de police. Cette partie forme une entreprise sous la direction de l'intendant des finances qui a le département des domaines de Sa Majesté, et est sous l'inspection du tribunal des trésoriers de France.

### ARTICLE XII. — ILLUMINATION PUBLIQUE.

§ 1. — *Quelle est la manière dont les rues sont éclairées pour la sûreté pendant la nuit? (partie de la question 14e).*

L'établissement des lanternes publiques à Paris commença,

ainsi qu'on l'a déjà observé plus haut, en 1667[1]. Il a subsisté à peu près dans le même état pendant un siècle; mais la forme de ces lanternes, composées d'un grand nombre de petits carreaux de verre enchâssés dans la cage en plomb de ces mêmes lanternes, était un obstacle à la clarté; les branches de cette cage, interceptant une partie de la lumière, jetaient des ombres considérables qui causaient de l'obscurité. D'ailleurs une simple chandelle, placée dans chaque lanterne, ne pouvait produire, eu égard à son élévation, qu'un assez faible effet. Tout ce que l'on avait pu imaginer pour diminuer ces inconvénients avait été de rapprocher de plus en plus ces lanternes les unes des autres, et par conséquent d'en augmenter de beaucoup le nombre.

M. de Sartine, dès les premiers temps de son administration, s'occupa des moyens de perfectionner un objet aussi intéressant. Il chargea l'Académie des sciences d'annoncer au public, de sa part, un prix capable d'exciter les artistes et toutes les autres personnes qui voudraient concourir à donner des projets sur la meilleure manière d'éclairer Paris avec le moins de dépense possible[2]. Il en fut proposé beaucoup, dont l'expérience fut faite publiquement. Les lanternes à reverbère obtinrent la préférence; il en fut établi successivement dans les différents quartiers de Paris, qui enfin se trouvent actuellement éclairés en totalité par ces reverbères jusqu'aux extrémités des faubourgs. La très-grande lumière qu'ils donnent ne permet pas de penser que l'on puisse jamais rien trouver de mieux[3]; l'on peut dire même que ce nouvel établissement a mis le sceau aux avantages dont les citoyens étaient déjà redevables à la police, et qu'il ne contribue pas moins à la décoration et à la splendeur de la capitale qu'à leur sûreté et à leur commodité.

1 L'arrêté est du 2 septembre. Ces lanternes étaient garnies de chandelles de suif pesant chacune un quart de livre. Aujourd'hui cet éclairage ferait horreur même à des garçons d'écurie.

2. C'est en 1764 que l'Académie des sciences proposa un prix extraordinaire; ce prix, n'ayant pu être décerné, fut doublé l'année suivante, et une somme de 2,000 francs fut remise aux sieurs Bailly, Bourgeois de Châteaublanc et Leroy, les trois concurrents dont les projets avaient paru les meilleurs. Lavoisier avait concouru, mais son mémoire était tout rempli « de discussions physiques et mathématiques; c'était de la science pure. »

3. Nous sommes tentés de dire aujourd'hui la même chose, et peut-être cette prétention fera-t-elle rire nos descendants qui trouveront bien mesquin l'éclairage de la voie publique par 35 ou 40,000 becs de gaz.

Ces lanternes sont suspendues au milieu de la rue à la hauteur de 16 pieds et à la distance de 30 toises les unes des autres. Elles renferment chacune une lampe dans laquelle on n'emploie que de l'huile. Ces lampes sont à 2, 3 ou 4 becs, garnis de mèches, et ayant chacun leur reverbère suivant les différents côtés que ces lanternes doivent éclairer. Ainsi celles qui n'ont que des maisons à droite et à gauche n'ont que 2 becs de lumière, 1 à chaque face qui regarde la longueur de la rue. Celles à 3 becs sont posées aux endroits où elles peuvent porter la lumière dans une autre rue de côté, vis-à-vis de laquelle elles se trouvent suspendues. Enfin celles à 4 becs éclairent les carrefours, et par conséquent l'entrée de 4 rues à la fois. Chaque lanterne se monte et se descend avec une corde qu'on tire ou qu'on relâche, attachée par un bout à une autre corde qui est à demeure et traverse la rue à la hauteur nécessaire. Cette corde, qui monte et descend la lanterne, glisse sur des poulies, tombe perpendiculairement et passe par une boîte de fer qui a une petite porte fermant à clef, scellée dans le mur de face de l'une des maisons à droite ou à gauche de la lanterne; dans laquelle boîte l'excédant de cette corde, lorsque la lanterne est montée, se trouve ainsi renfermé et en sûreté, en sorte que le service de ces lanternes se faisant entièrement dans les rues ne cause aucune incommodité aux habitants dans leurs maisons.

Elles sont allumées toute l'année, excepté lorsque le jour est immédiatement suivi d'un clair de lune qui dure assez avant dans la nuit pour qu'il soit absolument inutile d'allumer les lanternes. Le temps que doit durer l'illumination chaque nuit est déterminé par celui du clair de lune, et l'huile est mesurée à proportion. L'heure précise à laquelle les lanternes doivent être allumées est donnée pour chaque jour à ceux qui sont chargés de ce soin.

L'illumination de Paris forme une entreprise qui a été adjugée à trois particuliers associés à cet effet[1], et qui moyennant une somme fixe par an se sont chargés conjointement pour 20 ans de l'établissement entier de ces lanternes, de l'entretien et renouvel-

1. Ce nombre d'entrepreneurs et leur société ne renferment rien de remarquable pour cette partie; ils ne concernent que leur arrangement particulier; un seul entrepreneur suffirait (*Note du manuscrit*). — Le principal de ces adjudicataires était un financier nommé Tourtille Segrain.

lement qui y seront à faire, de la fourniture de l'huile, de la dépense nécessaire pour les allumer, et de tous les autres frais relatifs à ce service.

Les entrepreneurs emploient pour allumer ces reverbères et les nettoyer chaque jour (soin très-essentiel) des gagne-deniers demeurant dans les quartiers où ils leur font faire ce service. Chacun de ces gagne-deniers n'est chargé que de 20 reverbères au plus qu'il allume dans l'espace d'environ une demi-heure. Ainsi tous les allumeurs commençant en même temps dans tout Paris, il s'en suit que tout Paris se trouve éclairé aussi en même temps partout avec la même célérité.

Le commissaire ancien de chaque quartier a la liste de ceux qui sont employés pour cet objet, et reçoit du magistrat pour chaque renouvellement d'illumination, lorsque la lune a donné lieu de l'interrompre, un avertissement des jours, des heures et de la durée de l'illumination jusqu'à la prochaine cessation, le tout afin qu'il puisse exercer sûrement son inspection sur cette partie de la police.

Le magistrat a commis un inspecteur pour veiller à la totalité de ce service dans Paris et lui en rendre compte. La garde de Paris est également tenue de faire son rapport de tout ce qu'elle aperçoit pendant la nuit de contraire au bien et à l'exactitude de ce service, dont les entrepreneurs sont personnellement responsables.

Ces entrepreneurs ont leurs inspecteurs ou commis particuliers par lesquels ils font suivre et observer leurs allumeurs, qui en cas de fraude ou de négligence dans leur service sont punis sévèrement. Ces commis vont la nuit dans Paris pour voir en quel état sont les réverbères, et rallumer ceux qui peuvent s'éteindre avant l'heure où ils doivent finir.

### § 2. — *Pièce détachée. Instructions relatives à l'illumination de Paris.*

La lanterne adoptée pour la ville de Paris est de forme hexagone. La cage est de fer forgé de la hauteur de 14 pouces pour les lanternes à 2 [becs], et quatorze pouces item pour les lanternes à 3 et à 4. Les premières ont 22 pouces de large et les autres 20. Cette cage est couverte d'un chapiteau de cuivre dont le dedans est argenté et de forme horizontale pour rabattre la lumière. Ce premier chapiteau est surmonté d'un second qui s'élève en forme de dôme et couvre toute la lanterne. Les verres sont de Bohême et de la manufacture de S'Kirin. La lampe est à réservoir. Il y en a à 1 bec de lumière, à 2, à 3 et à 4, selon les endroits qu'on veut éclairer, c'est-à-dire à 1 bec pour les culs de sac, à 2 pour les rues ordinaires, à 3 quand il se trouve une rue de traverse, et à 4 pour les carrefours. Lesdits becs sont dirigés suivant le local, afin de [tirer] tout le parti possible de la lumière. Derrière chacun de ces becs il y a un réverbère qui réfléchit la lumière fort loin et l'augmente considérablement. Les lanternes sont distantes les unes des autres de 30 toises, et élevées de terre de 16 pieds. Il y a pour les suspendre une tenture faite exprès qui fixe la lanterne et la rend invariable.

### ARTICLE XIII. — SECOURS POUR LES INCENDIES.

M. de Sartine a fait pour porter cette partie à sa perfection tout ce que l'on pouvait attendre de son zèle et de son application infatigable sur tout ce qui intéresse le bien public. Il avait été établi à Paris, dès l'an 1719, une compagnie de pompiers et des pompes pour l'extinction des feux[1]. Le nombre en fut augmenté en 1722 et resta le même jusqu'au moment où le gouvernement de la police fut confié à ce magistrat. Il s'occupa presque aussitôt de donner à ces secours toute l'activité, tout l'ordre et tout l'effet qu'ils devaient avoir, et qui leur avaient manqué jusqu'alors. Ses soins et les mesures qu'il a prises à cet égard ont si pleinement réussi que l'on peut regarder cet établissement en l'état où il est actuellement comme un établissement nouveau qui lui est entièrement dû, et dont le succès égale celui de toutes les parties de son administration.

Il y a 30 pompes à incendies distribuées dans Paris dans autant de dépôts différents, et placées de manière que des différents points où ces dépôts sont établis on peut porter partout les plus prompts secours. Ces pompes sont toutes montées sur des

1. Avant cette époque, le service était fait par « des capucins pleins de charité et d'adresse, » comme dit Mme de Sévigné; on jetait de l'eau sur le feu avec des seaux; mais surtout on s'appliquait à démolir les maisons incendiées.

chariots à bras avec lesquels on les transporte avec toute la facilité et la célérité possibles.

16 de ces dépôts forment en même temps des corps de garde pour les pompiers[1], où l'on peut s'adresser la nuit comme le jour avec la plus grande certitude de trouver des secours suffisants pour arrêter d'abord le progrès des incendies, quelque considérables qu'ils soient. Les 14 autres dépôts sont gardés de même par des pompiers qui y ont leur logement afin d'avoir soin des pompes et de les conduire au feu au premier ordre qu'ils en reçoivent.

L'eau nécessaire pour le service des pompes est pareillement répartie dans 11 dépôts. Elle est contenue dans 30 tonneaux toujours pleins, tenant chacun environ 5 muids et demi, montés sur des voitures à limon. Il y a également des pompiers établis dans ces endroits pour la garde de ces tonneaux, pour les tenir pleins et en bon état. Ces dépôts sont établis à une proximité proportionnée des corps de garde, en sorte qu'au besoin on puisse avertir à ces dépôts et mener sur-le-champ aux endroits où il y a des incendies. Ils sont placés dans des maisons où demeurent des voituriers qui ont beaucoup de chevaux, de manière que la nuit, à quelque heure que ce soit, les voitures sont attelées à l'instant pour les conduire au feu.

Dans le jour, comme il s'agit du secours public, on arrête les chevaux des premiers voituriers qui passent, et l'on en trouve toujours plus qu'il n'en faut. Au reste le service de ces chevaux est payé sur-le-champ, et même plus cher qu'il ne vaut, au moyen de quoi ceux qui en fournissent la nuit y trouvent un avantage, et ceux à qui on les prend dans le jour ne peuvent s'en plaindre.

A mesure que les tonneaux se vident dans le service des feux, on les envoie remplir à des regards disposés à cet effet dans différentes rues des quartiers où passent sous terre des tuyaux de conduite d'eau pour les fontaines publiques.

La première chose que fait le commandant des pompiers sitôt qu'il a avis d'un incendie est d'envoyer avertir celui qui est chargé de la distribution des eaux. Celui-ci envoie aussitôt arrêter l'écoulement des réservoirs qui fournissent aux fontaines du quartier où est le feu; l'épanchement ne se faisant plus de cette manière, l'eau se rassemble en plus grande quantité dans les

1. Il n'y en avait que 4 avant l'année 1767.

tuyaux de conduite qui la portent à ces regards, qu'il fait ouvrir, et à l'endroit desquels est une fontaine verticalement posée. L'on y visse un tuyau montant qui s'élève de terre à une hauteur suffisante, et à l'extrémité supérieure de ce tuyau s'adapte un tuyau de cuir qui sert à répandre l'eau et à remplir les tonneaux, à mesure qu'ils arrivent, par l'ouverture qui est à cet effet sur chaque tonneau, qui se trouve rempli en quatre minutes. De cette manière, l'eau étant toujours à portée des incendies, dans quelque quartier de la ville que ce soit, le service, à cet égard, ne souffre aucune interruption.

La manœuvre pour le jeu des pompes à incendies est servie par les travailleurs des régiments des gardes-françaises et suisses. Les compagnies de ces deux corps qui ont leur résidence à Paris ont ordre de leurs colonels de se rendre par détachements aux incendies à la première réquisition du commandant des pompiers. Les soldats y vont une partie avec leurs armes pour le maintien du bon ordre, les autres avec des seaux d'osier doublés de peau en dedans pour porter de l'eau où il est nécessaire.

La garde de Paris se porte également de ses postes aux endroits où elle apprend que le feu a pris, et détache un soldat pour en donner avis aux commissaires des quartiers, qui s'y rendent pour donner les ordres nécessaires pour la tranquillité publique, pourvoir à la sûreté des effets que l'on cherche à sauver des flammes, faire ouvrir les maisons où il y a des puits lorsque l'on a besoin d'y tirer de l'eau; en un mot pour procurer tous les autres secours et employer l'autorité suivant que les circonstances l'exigent.

Dans le cas d'un incendie considérable, les magistrats sont également avertis de se rendre sur les lieux pour donner pareillement les ordres qu'ils trouvent nécessaires. Les officiers de l'état-major des régiments des gardes-françaises et suisses s'y rendent pareillement.

*Détails relatifs à l'état actuel, au service et à la discipline de la compagnie des gardes-pompes.*

La compagnie des pompiers est de 160 hommes[1], sous les ordres du directeur général des pompes du roi pour les incendies,

1. On n'en comptait que 100 avant M. de Sartine.

savoir : 2 chefs de brigade, 16 brigadiers, 16 sous-brigadiers, 16 appointés, 96 gardes-pompes, 14 surnuméraires. Ces différents grades ont été établis pour qu'ils observassent la plus grande subordination et pour exciter en même temps dans les inférieurs une émulation qui, les portant à leur avancement, les engageât par leur propre intérêt à remplir leur service avec la plus grande exactitude. Ils ont aussi une paie différente suivant leurs rangs. Ils ont des habits uniformes, avec des marques qui les distinguent; ils portent des casques, et, dans leur service, des sifflets et les outils dont ils doivent faire usage.

Il y a un chirurgien attaché à cette compagnie avec des appointements pour donner tous les secours de l'art, soit à ceux qui sont blessés aux incendies, soit à ceux qui tombent malades de quelque maladie que ce puisse être.

Les gardes-pompes qui viennent à manquer ne peuvent être remplacés que par des surnuméraires, et il ne peut être admis au nombre de ces derniers que des sujets au-dessous de 25 ans, à moins qu'ils n'aient servi dans les troupes, auquel cas ils peuvent l'être jusqu'à 30 ans. Le commandant n'en reçoit point sans une attestation de probité et d'une bonne conduite, qui doit être donnée par deux bourgeois et autres personnes dignes de foi.

Cette compagnie, tant pour la discipline qu'en remplissant son service aux incendies, ne reçoit d'ordres que de son commandant ou des chefs qui commandent sous lui et à sa place. La distribution de tous les secours qui doivent contribuer à l'extinction des feux le regarde uniquement. Il exerce lui-même les gardes-pompes pour les habituer et les rendre plus habiles à la manœuvre dans l'attaque du feu, qui s'exécute entièrement par le sifflet; lui seul a la disposition des grades dans sa compagnie. Il est obligé de demeurer au centre de la ville pour être plus à portée de recevoir les avis des incendies qui arrivent, de distribuer les secours et de se porter lui-même sur les lieux avec plus de célérité[1].

Les deux chefs de brigade demeurent chez lui pour le suppléer

---

1. Il demeurait rue de la Jussienne, dit Le Noir, successeur immédiat de M. de Sartine (*Souvenirs historiques*, publiés par Peuchet; *Mémoires tirés des archives de la police*, t. III, p. 9). — En 1772 le « directeur et commandant des pompiers » s'appelait Morat; il « se distingua singulièrement » lors de l'incendie qui détruisit en partie l'Hôtel-Dieu. — Relation de l'incendie, supplément à la *Gazette de France*, 1773, 4 p. in-4°.

s'il arrivait plusieurs incendies à la fois, ce qui n'est pas sans exemple. Il a encore chez lui un corps-de-garde de ses gens, qui est un des 16 corps de garde dont on a déjà parlé, avec une pompe à incendie, et à côté de sa maison est établi un corps-de-garde des gardes-françaises, composé d'un sergent et de 12 hommes armés et de 12 travailleurs de ce régiment qui sont entièrement à sa disposition. Ainsi, au premier avis du feu, il a sous sa main tout ce qui est nécessaire pour porter à l'instant tous les secours que le besoin exige.

Toute la dépense relative à cet établissement est aux dépens du roi. Il n'en coûte absolument rien aux particuliers chez qui le feu vient à prendre; et il est défendu très-expressément aux gardes-pompes et autres d'exiger ou de recevoir la moindre chose pour avoir porté du secours.

C'est le directeur ou commandant qui est chargé de faire la totalité de cette dépense du paiement de la solde de sa compagnie, de fournir les habits uniformes, d'entretenir et renouveler les 30 pompes et les outils nécessaires, d'entretenir les 30 voitures d'eau, et de payer les voituriers qui conduisent l'eau aux incendies, à raison de 6 livres au moins par voiture, les loyers des corps-de-garde et dépôts, et en cas de changement d'en faire tous les frais, de fournir aux corps-de-garde le bois et la chandelle nécessaires, d'entretenir les poëles et ustensiles, de les renouveler lorsqu'il en manque et de faire tous les autres frais relatifs à sa compagnie; de payer le chirurgien et la pension qui est accordée pour retraite aux 6 plus anciens gardes-pompes que leur âge et leurs infirmités pourraient mettre hors d'état de continuer leur service, le tout moyennant une somme de 73,000 livres par an, qui lui sont payés à cet effet sur les fonds de la police, et dans lesquels sont compris ses appointements[1].

Il est en outre chargé de faire imprimer et afficher tous les ans à ses dépens, dans tout Paris, un nombre suffisant de placards pour indiquer au public les lieux où sont placés les secours.

L'arrêt du Conseil qui a réglé cet établissement ordonne que le magistrat fera la visite une fois par mois des pompes, corps-de-garde, dépôt de pompes et des voitures, pour savoir si le tout

1. Peuchet fait monter cette dépense à 82,000 francs. Le service des sapeurs-pompiers a été bien modifié depuis; ils sont environ 1,400, avec 176 pompes et 102 postes, sans compter leurs casernes, au nombre de 11. Le crédit alloué est d'environ 1,600,000 francs.

est en bon état, et qu'il passera en revue la compagnie des gardes-pompes.

Les gardes-pompes font un service de 3 jours l'un, à raison de 3 hommes dans chacun des 16 corps-de-garde, ce qui fait 48 hommes qui sont relevés de 24 heures en 24 heures par un pareil nombre. Il y a toujours à ces différents postes un brigadier ou un autre chef qui a le commandement sur ses camarades, et qui est en état de diriger la première attaque du feu.

Les deux chefs de brigades font des rondes la nuit à ces différents corps-de-garde pour voir si ceux qui y sont de poste y remplissent exactement leur service.

Les détachements qui doivent relever ceux qui sont de garde se rendent d'abord chez le directeur ou commandant général pour recevoir l'ordre, qui consiste dans la distribution des différents postes qu'ils doivent remplir, et il examine s'ils ont avec eux les outils et ustensiles dont ils doivent être munis, et s'ils sont en état.

La consigne des corps-de-garde est que :

1° Le chef du détachement aura le plus grand soin, en arrivant au corps-de-garde, d'examiner, avec celui qu'il relève, si tout est en bon état, et s'il ne manque rien.

2° Qu'il ne souffrira point qu'aucun pompier s'absente du corps-de-garde pour quelque cause que ce soit, et veillera à ce qu'aucun d'eux ne se prenne de vin. Dans le cas où l'on refuserait de lui obéir, il en rendra compte au commandant, et, faute par lui de le faire, il sera sévèrement puni et chassé de son poste.

3° Que le chef fera toujours mener la pompe lorsqu'on avertira pour le feu, excepté pour les feux de cheminées.

4° Que, arrivé à l'incendie avec la pompe, il détachera un garde pour avertir le commandant, qui doit toujours être instruit sur-le-champ de tous les feux qui ne sont point feux de cheminées.

5° Qu'on se présentera chez les particuliers avec toute la décence qui convient, et, lorsqu'on refusera la porte, les gardes-pompes se retireront sans bruit, et le chef du poste enverra avertir le commissaire le plus voisin du feu.

6° Le chef du poste aura le plus grand soin, en faisant l'attaque du feu, d'éviter toute espèce de contestation avec qui que ce soit, lors même qu'on voudrait le troubler dans son service; il remarquera seulement les personnes et les fera connaître à son commandant aussitôt qu'il sera arrivé au feu.

7° Pour les feux de cheminées, le chef partira avec un garde seulement et détachera l'autre pour aller avertir les hommes du quartier qui ne sont point de service, et aussitôt que ceux qui ne sont point de service seront au feu, les autres retourneront à leur poste.

8° Le détachement des corps-de-garde de pompiers à proximité des voitures d'eau ne partira jamais avec la pompe sans les faire avertir.

9° Il est expressément défendu, et sous les plus grandes peines, à chacun des pompiers, de recevoir de l'argent de qui que ce soit, lors même que les particuliers voudraient les y engager.

10° Si aucun des pompiers, dans quelque classe qu'il soit, néglige d'observer ou de faire observer la consigne ci-dessus, la perte de son poste est la moindre punition qu'il ait à craindre.

11° Après un incendie, si un particulier, de quelque état qu'il soit, demandait pour sa tranquillité qu'on laissât un détachement chez lui, celui qui commande aura grand soin d'y laisser le nombre d'hommes qu'on aura demandé, sans que pour cela il soit permis de recevoir la moindre chose.

12° Il est expressément défendu à tous les gardes d'obéir à leurs chefs lorsqu'ils exigent des choses contraires aux articles de cette consigne.

Les hommes du quartier dont il est parlé dans l'un de ces articles sont les gardes-pompes qui ne se trouvent point être de poste dans les deux jours de repos qu'ils ont après celui où ils sont de garde; ils n'en sont pas moins obligés de se rendre aux feux aussitôt qu'ils en sont avertis de la part de leurs chefs, et même de s'y transporter lorsqu'ils en sont avertis de quelque autre manière que ce soit, surtout si le feu prend dans leur voisinage. Ceux qui ne demeurent point aux dépôts des pompes et des tonneaux ont des tableaux à la porte des maisons où ils demeurent, avec une sonnette qui rend à leur logement, afin qu'on puisse les trouver et les avertir sur-le-champ, tant le jour que la nuit.

Au moyen de l'ordre établi dans le service pour l'extinction des feux, de la célérité que cet ordre opère dans l'administration des secours de toute espèce qui y sont portés, il n'y a point d'incendie, avec quelque violence qu'il se déclare, dont les progrès ne soient arrêtés sur-le-champ, sans que l'on soit obligé de détruire pour cet effet les édifices auxquels ils ont pris[1]. Ils sont conservés de manière qu'il n'y a exactement que le lieu du foyer qui se ressente du dommage; les autres endroits, et surtout les bâtiments voisins où le feu n'a pas encore pénétré au moment où le secours arrive, sont entièrement préservés[2].

## ARTICLE XIV. — APPROVISIONNEMENT DE PARIS.

§ 1. — *Quel est le système sur l'avitaillement de Paris? (question 16e.)*

La consommation en toutes sortes de vivres à Paris est si prodigieuse qu'à peine il paraît croyable[3] qu'il y ait des sources capables d'y fournir. Il n'y a pourtant ni greniers publics, ni entrepôt pour amasser et assurer les provisions nécessaires à cette consommation ; elles sont entièrement entre les mains du commerce. Paris n'a point d'autres pourvoyeurs que les marchands de toute espèce, qui la plupart achètent ces provisions dans les provinces et les font venir incessamment dans la capitale, où elles sont distribuées journellement aux habitants par les différentes classes de marchands en détail. C'est donc le commerce seul qui fournit et qui pourvoit à tous les besoins de cette multitude innombrable de consommateurs.

Toutes les provinces contribuent à l'approvisionnement de cette grande ville; il n'y en a aucune qui n'entretienne avec elle pour cet objet un commerce continuel et considérable. Elles lui envoient tout ce qu'elles ne peuvent pas consommer pour elles-mêmes, et ne gardent que ce qu'elles ont de plus inférieur, en sorte que Paris reçoit la tête et l'élite de toutes les denrées du royaume. La quantité qui en est destinée pour l'approvisionnement de cette capitale surpassant de beaucoup la consommation,

---

1. Enfin sous mille crocs la maison abîmée
Entraîne aussi le feu qui se perd en fumée.
(Boileau, Satire VI.)

2. Le terrible incendie qui éclata au mois de décembre 1772, à l'Hôtel-Dieu, fut rapidement circonscrit grâce aux pompiers de M. de Sartine; les malades furent sauvés, à l'exception de 10 ou 12, et ils étaient au nombre de 6 ou 7,000 ! Deux pompiers furent tués, et quatorze de leurs camarades reçurent des blessures plus ou moins graves. (Relation de l'incendie, donnée dans le supplément à la *Gazette de France*.)

3. Il y a *convenable* dans le texte.

Paris est en même temps à l'égard de ces mêmes provinces l'entrepôt général d'où elles tirent respectivement, par la voie du commerce qu'elles font continuellement avec cette première ville du royaume, les choses que la nature de leur sol et leur éloignement les uns des autres ne leur permettent pas de se procurer autrement.

Il résulte de cette affluence générale et de l'abondance qu'elle répand continuellement à Paris que les denrées y sont toujours au prix le plus modéré, et dans la plus juste proportion avec celui de l'achat dans les provinces qui les fournissent, et comme il y a entre toutes les provinces, à l'égard de celles qui produisent les mêmes choses, lesquelles font le plus grand nombre, une rivalité de commerce qui ne leur permet pas de tenir leurs denrées à plus haut prix, relativement, les unes que les autres, parce que celles qui voudraient les vendre plus cher éloigneraient nécessairement les marchands qui y font habituellement leurs provisions pour Paris, et qu'elles s'exposeraient ainsi à perdre l'occasion du débouché le plus favorable et qu'elles ont le plus grand intérêt d'entretenir.

Cette concurrence opère que le moindre prix des denrées à Paris détermine davantage le prix général des provinces que celui des provinces où elles pourraient passer ce moindre prix ne peut influer sur celui de la vente à Paris; en sorte que le prix de Paris, dans les temps ordinaires, établit naturellement la balance du prix relatif, non-seulement dans les provinces qui étant le plus à portée de ce commerce ont le plus de part à l'approvisionnement de Paris, mais encore de proche en proche dans les autres, et par conséquent dans toute la France.

L'intérêt du commerce est donc le principe qui dirige et fait couler perpétuellement l'abondance; c'est la certitude du débouché, sans lequel il ne peut y avoir ni commerce ni abondance, qui en maintient et grossit perpétuellement la source.

Ce débouché, attirant et réunissant également à Paris toutes les autres branches du commerce intérieur, y convertit en or jusqu'aux matières les plus viles, et c'est cet or qui, se distribuant par tous les canaux de la circulation générale dont cette capitale est le centre, alimente, soutient et excite sans cesse à Paris et dans les provinces les arts, l'industrie et le commerce qui leur sont propres, leur répartit et leur procure les moyens de conserver et d'accroître leurs richesses et de multiplier celles de l'État.

Quant aux moyens établis pour entretenir l'abondance à Paris, prévenir tout ce qui pourrait l'en détourner, l'altérer, y causer la disette et la cherté des vivres, ils sont renfermés :

1° Dans les lois générales concernant la police du commerce des grains dans tout le royaume. — Ces lois ont singulièrement pour objet de tenir dans la plus grande évidence possible la masse universelle de cette richesse commune, sur laquelle tous les sujets de l'État ont un droit naturel et égal, puisqu'elle intéresse essentiellement leur subsistance et leur tranquillité ; de donner en conséquence à cette même masse tout le mouvement qu'elle doit avoir pour le commerce, afin qu'en se partageant autant qu'il est besoin, elle se répande et porte partout proportionnellement l'aisance et le bien-être général ; de prévenir tout ce qui peut en empêcher la circulation, les fraudes et les monopoles capables de produire cet effet de la part des marchands et autres intéressés au commerce, toujours avides de saisir les occasions de les exercer dans la vue de profiter davantage du malheur public.

2° Dans les règlements qui concernent particulièrement l'approvisionnement de Paris, lesquels ont pourvu : à ce que toutes les espèces de provisions destinées pour la capitale y soient continuellement et exactement apportées, de manière qu'elle en soit toujours munie en suffisante quantité pour être à l'abri des besoins pressants et de tous les inconvénients qui pourraient en résulter. — A tout ce qui est capable d'assurer la bonne qualité des vivres, leur juste prix, d'empêcher les infidélités, les fraudes et les abus de toute espèce qui sont à craindre de la part de ceux qui en font la vente ou le débit.

Ainsi l'on rendra compte, dans cet article, en premier lieu, des règles principales concernant le commerce des grains, tant relativement à la subsistance générale du royaume que par rapport à la consommation de Paris ; ces deux objets, par l'importance et l'étendue de l'approvisionnement de la capitale, étant inséparables et se confondant dans le même point de vue. — En deuxième lieu des règles concernant l'approvisionnement de Paris pour les autres denrées d'une nécessité absolue, telles que le pain, la viande de boucherie, le laitage, les légumes, les fruits et autres objets qui font une partie essentielle de la consommation de cette grande ville.

§ 2. — *Commerce des grains. Règle générale sur ce commerce.*

Les ordonnances défendent l'exportation des grains à l'étranger; elle ne peut avoir lieu qu'en vertu d'une loi expresse ou d'une permission précise du souverain[1].

Elles établissent la circulation libre des grains de province à province, afin que celles qui éprouvent de mauvaises récoltes ou qui sont exposées à souffrir de quelque autre circonstance capable d'altérer leur subsistance, puissent trouver dans l'abondance des autres les secours dont elles peuvent avoir besoin. Cette circulation contribue d'ailleurs essentiellement à l'égalité relative du prix de cette denrée dans toute l'étendue du royaume.

Le trafic des grains est absolument interdit :

1° Aux fermiers et laboureurs. Il ne leur est permis d'en acheter que pour leurs semailles.

Les motifs qui les ont fait exclure de ce commerce sont : d'éviter qu'il ne les détourne de la culture des terres; qu'ils n'emploient les sommes nécessaires à l'exploitation et à l'amélioration des terres à faire des achats pour les revendre, dans l'espérance d'y faire un bénéfice plus considérable ou plus facile que dans la culture des terres d'autrui dont ils doivent compter le revenu aux propriétaires; et afin surtout d'écarter de ce commerce une multitude innombrable de marchands qui, divisant entre eux la masse des grains en une infinité de petites portions faciles à garder, en arrêteraient entièrement la circulation et en rendraient le prix excessif relativement à la rareté apparente de cette denrée.

Ainsi la défense qui leur est faite de se mêler de ce commerce, qui consiste à acheter pour revendre, a pour objet général le soutien de l'agriculture, le maintien du commerce et de la circulation qu'il doit opérer.

2° Aux meuniers, qui sont pareillement exclus de ce commerce afin qu'ils ne puissent se mêler que de la profession essentielle qu'ils exercent.

---

1. On sait quels heureux résultats a produits le retrait de cette mesure. De nos jours le pain est plus ou moins cher, mais il faudrait une disette universelle pour qu'il y eût famine à Paris comme au siècle dernier; les blés de Russie et d'Amérique affluent dans nos ports quand les blés de France ne suffisent pas à la consommation.

3° Il est défendu à tous les officiers de justice et de police, aux fermiers et receveurs des droits du roi, commis à ses recettes, caissiers et autres intéressés au maniement des finances ou chargés du recouvrement des deniers de l'État, de s'immiscer directement ou indirectement à faire le trafic et marchandise de grains.

Cette exclusion renferme les vues les plus sages. Elle empêche que ce commerce ne tombe entre les mains de personnes qui par leurs richesses ou leur crédit seraient en état de le faire presque exclusivement; qui, par des amas immenses de la plus grande partie des grains, en arrêteraient nécessairement le commerce; qui enfin, n'ayant point de concurrents capables de leur donner la moindre inquiétude, deviendraient les maîtres de les porter et de les soutenir au plus haut prix, et d'exercer le monopole le plus cruel et le plus difficile à réprimer.

Il est libre à toutes autres personnes que celles dont on vient de parler d'entreprendre le commerce des grains. Mais ceux à qui il est permis de faire le commerce ne peuvent l'entreprendre qu'en se conformant à différentes formalités qui leur sont prescrites par les ordonnances, dont ils ne peuvent s'écarter sans s'exposer à la confiscation de leurs grains, à des condamnations d'amendes considérables, et même à de plus grandes peines, suivant les circonstances. Ils sont obligés de se présenter aux greffes des juridictions royales de leurs domiciles, d'y déclarer leurs noms, qualités et demeures, ceux de leurs associés et les lieux où ils ont leurs magasins, et ces déclarations sont portées sur des registres tenus à cet effet.

Tous les actes de sociétés entre les marchands faisant le trafic et marchandise de grains et celles qu'ils peuvent contracter avec d'autres personnes qui s'intéressent seulement dans ce commerce sans vouloir y paraître en leur nom, doivent être passés en forme authentique, c'est-à-dire devant notaires, et enregistrés aussitôt dans les greffes dont on vient de parler.

Au moyen de ces enregistrements, ceux qui font le commerce de grains dans le royaume étant connus sont tous surveillés immédiatement et en même temps; toutes leurs opérations sont à découvert; ils ne peuvent former d'amas secrets, et dans les temps de disette et cherté cacher leurs provisions pour rendre encore la denrée plus rare et en faire augmenter le prix à leur gré. Leurs magasins étant également connus deviennent autant d'entrepôts qui tiennent lieu de greniers publics, dont l'entretien ne peut être que très à charge au gouvernement, indépendamment de ce que les blés qui y sont amassés et exposés à se gâter et à se perdre sont toujours un retranchement considérable dans la circulation et un tort réel au commerce.

### § 3. — *Halles et marchés publics pour la vente des grains.*

Tous les grains que les propriétaires de terre, fermiers, laboureurs et marchands ont à vendre, ne peuvent, aux termes des ordonnances, être vendus ailleurs qu'aux halles et marchés établis à cet effet dans les villes, bourgs et autres endroits les plus à portée du commerce. Il est défendu singulièrement, dans les temps de cherté, de faire cette vente dans les greniers et magasins. Les fermiers et les marchands, dans ces circonstances, sont obligés de fournir les marchés de leurs environs à proportion de la quantité de grains qu'ils ont chez eux ou dans leurs magasins. Il est défendu aux marchands et autres d'aller au-devant de ceux qui apportent des grains dans les marchés et de les acheter en chemin. Il leur est interdit, à plus forte raison, d'arrher les grains en vert et de les acheter sur pied.

Cette exposition publique dans les marchés produit les effets les plus avantageux. Elle donne le plus grand mouvement au commerce; elle excite ceux qui ont des grains à vendre à s'en défaire lorsqu'ils sont à un prix raisonnable, dans la crainte qu'ils ne tombent de valeur. Une légère augmentation produit encore plus sensiblement cet effet; la quantité qui en est portée alors dans les marchés par ceux qui attendent ces occasions la fait tomber bientôt, lorsque d'ailleurs il n'y a aucune cause qui puisse la faire subsister. D'un autre côté, la diminution du prix dans un endroit y fait accourir les marchands de toutes parts; ils s'empressent d'y faire leurs achats et de porter ces denrées dans d'autres pays où elles sont plus rares et à plus haut prix, et où l'abondance qu'ils y ramènent les remet bientôt à leur taux ordinaire.

Cette manière de vendre et d'acheter dans les marchés publics n'est pas seulement avantageuse au public en général; elle l'est également aux particuliers; elle offre au cultivateur le secours le plus prompt; il convertit les denrées en argent aussitôt qu'il le veut et que ses besoins l'exigent. Elle met le fermier en état de satisfaire avec exactitude à ses engagements vis-à-vis du propriétaire dont il laboure les terres; elle assure à celui-ci le paiement exact de ses revenus, sur lesquels il doit compter. Les petits consommateurs, qui font eux-mêmes leurs provisions, épient à cet effet le moment où le grain est à meilleur compte et le saisissent. La classe indigente du peuple qui ne vit que des fruits de son travail est consolée de ses peines à la vue de l'abondance étalée dans ces marchés; elle la soutient, l'encourage, elle éloigne et bannit de son esprit la crainte et les inquiétudes les plus capables de lui faire envisager la pauvreté et la misère qui la poursuivent.

Un laboureur ou un marchand qui a commencé à vendre dans un jour de marché son grain à un prix, ne peut pas le vendre plus cher dans le surplus du temps que dure ce marché. Ils ne peuvent même en exiger davantage que le prix courant, c'est-à-dire celui auquel la plus grande quantité se trouve vendue. Ils n'ont que trois jours pour l'exposition de leurs grains dans les marchés, et, s'ils ne sont pas vendus dans le troisième jour, les mêmes règlements veulent que ces sortes de grains soient criés et vendus au rabais.

Il est défendu expressément de faire sortir des marchés les grains non vendus sans la permission du juge de police. Les jours, la durée de chaque marché, l'heure à laquelle il commence et celle à laquelle il doit finir sont fixés par l'usage des lieux, au moyen de quoi il ne peut être fait aucune vente de grains que pendant qu'il est ouvert, et que publiquement.

Le temps de la vente est partagé en trois parties. La première est pour les habitants qui n'achètent que pour leur consommation particulière; la deuxième pour les boulangers; la troisième pour les marchands et pour tous ceux qui veulent se présenter. Par ce moyen, les particuliers ont le choix et la préférence sur les boulangers et les marchands pour leur fourniture particulière qui ne peut leur manquer; ils gagnent dans leurs achats ce que les autres devraient nécessairement gagner sur eux. Il en résulte un soulagement pour les consommateurs indigents.

Les boulangers, obligés de fournir la quantité de pain nécessaire dans les endroits où ils sont établis, font leurs approvisionnements après les particuliers, par préférence aux marchands; ils ont toute la facilité nécessaire pour se procurer la quantité de grains dont ils ont besoin, et font le bénéfice du marchand. Ce bénéfice se confondant avec le gain qu'ils doivent faire dans leur état fait que le pain coûte très-peu au-delà de ce qu'il doit revenir au particulier qui ferait sa cuisson lui-même.

Il résulte enfin de la durée momentanée et bornée de ces marchés que tous ceux qui ont des grains à vendre et ceux qui en veulent acheter se trouvent réunis ensemble; l'avantage est égal pour les vendeurs et pour les acheteurs, pressés les uns et les autres par la brièveté du temps; le commerce en est plus actif; ils se rapprochent plus facilement du prix naturel, qui ne peut baisser ni augmenter trop rapidement. Telles sont les règles principales qui ont été établies en France pour la discipline du commerce des grains.

En restreignant à une certaine classe de personnes, et encore sous des conditions qui les soumettent perpétuellement à l'inspection du magistrat, la faculté de faire le trafic des grains, c'est-à-dire d'acheter pour revendre, elles mettent tous les marchands de cette espèce dans l'heureuse impuissance d'agir contre l'intérêt public; ils ne sont plus que des agents très-actifs de la circulation. Des concurrents sans nombre, qui sont les cultivateurs répandus dans toute la France, qui n'ont que la liberté de vendre, et non celle d'acheter, qui remplissent continuellement les marchés des grains de leurs récoltes, leur ôtant perpétuellement l'espérance et les moyens de pouvoir tarir cette source, qui semble s'accroître plutôt que de diminuer, ne leur permettant pas de faire des amas et des magasins de grains capables d'en occasionner la rareté, ils en achètent suivant l'étendue de leur commerce, ils ne font partout, si c'est pour vendre, qu'augmenter l'abondance, si c'est pour acheter, que l'exciter à sortir des greniers des cultivateurs, intéressés à saisir l'occasion qu'ils leur présentent de se défaire de leurs denrées.

### § 4. — *Règles particulières concernant le commerce des grains pour l'approvisionnement de Paris. Précautions pour assurer cet approvisionnement.*

La consommation à Paris offrant au commerce des grains le débouché le plus considérable qu'il puisse avoir, il paraît peu à craindre que l'approvisionnement de cette grande ville puisse manquer en cette partie. Cependant l'importance et l'immensité de cet objet exigeant les plus grandes précautions pour le mettre à l'abri de tous les inconvénients que pourrait causer la moindre incertitude sur sa subsistance, et même en détourner l'abondance ordinaire, seule capable de maintenir les vivres à un prix raisonnable et à portée des facultés du peuple, il y a été pourvu par un grand nombre de règlements dont on va rapporter les principales dispositions.

Ils défendent de transporter les grains qui se trouvent dans la distance de dix lieues de Paris hors de la circonférence que forment ces mêmes dix lieues. Les marchands de grains n'en peuvent faire aucun achat, ni dans les marchés, ni ailleurs, dans l'étendue de cette distance. Ils ont seulement la liberté d'en apporter dans ces marchés en telle quantité qu'ils le jugent à propos.

Il est également défendu aux boulangers de Paris d'acheter des grains dans les mêmes marchés, si ce n'est seulement dans cinq qui leur sont indiqués par les ordonnances. Ces boulangers achètent les grains qu'ils emploient, soit dans ces cinq marchés, soit à la halle ou sur les ports de la ville de Paris, soit au-delà de la distance de dix lieues, hors de laquelle ils ont toute liberté de faire leurs emplettes partout où bon leur semble.

Ainsi, les marchands de grains ne peuvent faire leurs achats que dans les provinces qui sont au-delà des dix lieues, et comme ils en font venir continuellement, et de fort loin, ils ne paraissent dans les marchés, soit à Paris, soit aux environs, que pour y mettre l'abondance.

Les plus forts boulangers de Paris vont de même faire leurs emplettes plus loin que les dix lieues de Paris, et jusqu'à vingt et vingt-cinq lieues. Ils contribuent ainsi de leur part au maintien et à l'augmentation de l'abondance; il n'y a que ceux qui font un moindre débit qui se fournissent, soit à Paris, soit dans les cinq marchés dont on a parlé plus haut.

Toutes les communautés religieuses établies à Paris et dans les environs qui possèdent des terres dans les dix lieues de distance doivent avoir toujours dans leurs greniers trois années de leurs récoltes.

Moyennant cette quantité prodigieuse de grains qui viennent perpétuellement à Paris par le commerce, il se trouve que la subsistance des habitants des environs de Paris, qui sont en proportion aussi peuplés que la capitale, ne prend rien sur l'approvisionnement de cette grande ville, et comme les marchands de grains garnissent également de blé des provinces les marchés de ces environs, il s'ensuit encore que ce qu'ils en apportent dans ces marchés remplaçant sans cesse ceux qui se consomment ou qui sont apportés à Paris par les fermiers, tous les grains répandus dans la distance de dix lieues, qui font une circonférence de soixante lieues autour de la capitale, forment une réserve toujours existante pour les besoins, au moyen de laquelle, en cas de disette de grains dans le royaume, le gouvernement aurait tout le temps nécessaire pour faire venir des pays étrangers les grains nécessaires avant que la capitale fût exposée à manquer de cette denrée.

Les marchands de grains pour l'approvisionnement de Paris sont connus et enregistrés et contractent, par le fait du commerce qu'ils entreprennent pour cet objet, l'obligation de fournir habituellement et sans interruption la halle ou marché aux grains à Paris.

Il y en a d'autres dont les grains viennent par la rivière de Seine; ces marchands par eau sont enregistrés à l'Hôtel de Ville, où ils font également leur soumission de garnir suffisamment et incessamment les ports de cette capitale. Tous les grains, de quelque espèce qu'ils soient, qu'ils envoient à Paris pour vendre, doivent y être conduits directement, soit à la halle, soit aux ports de cette capitale. Ils ne peuvent les vendre ni les entreposer en chemin. Les conducteurs de voitures et de bateaux doivent être munis de lettres de voitures indicatives de leur destination. En cas de contraventions, leurs grains sont saisis et confisqués et ils sont condamnés à des amendes plus ou moins considérables suivant les circonstances.

Il en est de même des boulangers de Paris qui achètent des grains et des farines au dehors. Ils sont tenus de déclarer dans les marchés où ils font leurs achats leurs noms et leurs demeures, et la quantité de marchandises qu'ils achètent pour Paris, où ils ne peuvent les faire porter ailleurs que dans leurs maisons. Le commerce des grains leur est absolument défendu.

Lorsqu'ils font moudre leurs blés à des moulins hors de Paris, ils sont obligés de prendre une permission pour le transport de ces grains chez les meuniers, et de justifier qu'ils ont fait rentrer à Paris la farine de ces mêmes grains.

Il n'y a que les boulangers de Paris et des faubourgs qui ont la liberté d'acheter des grains et des farines à la halle. Ainsi, tout ce qui entre de grains ou en farine à Paris n'en peut plus sortir; il faut qu'ils y soient consommés.

§ 5. — *Police des boulangers. Quels sont les moyens de les contenir? (question 16e, suite.)*

Il y a trois classes de boulangers à Paris qui fournissent tout le pain qui se consomme, savoir : les boulangers de la ville, — les boulangers des faubourgs, — les boulangers forains. Les boulangers de Paris sont en corps de communauté et sont gouvernés par les statuts qui règlent les obligations de leur état et la police qu'ils doivent observer entre eux. Il n'y a qu'eux qui peuvent vendre du pain de toutes les espèces, de toutes les formes et de tous les poids. Les boulangers des faubourgs, qui ne sont pas reçus dans la communauté des maîtres de la ville, ne peuvent vendre que du gros pain, ou pain commun. A l'égard des boulangers forains ce sont tous ceux qui apportent et vendent du pain dans les marchés publics. Ils sont presque tous établis aux environs de Paris ou dans les faubourgs. Ces boulangers ne peuvent vendre également que du gros pain dans les marchés publics, et sont tenus de faire ce débit en personne, ou par leurs enfants ou domestiques.

Les marchés se tiennent deux fois par semaine, le mercredi et le samedi. Tous les boulangers qui font leur état ou leur débit à Paris sont sous la discipline et l'autorité du tribunal de police.

Les jurés ou chefs de la communauté des boulangers de Paris ont le droit de visite et d'inspection générale sur tous leurs confrères, sur les boulangers des faubourgs et sur les boulangers de la campagne qui apportent du pain à Paris, pour juger de la qualité et fabrication de leur pain. Lorsqu'il y a lieu de les saisir pour contraventions, ces saisies se font par eux en présence d'un commissaire.

Les commissaires font eux-mêmes souvent des visites chez les boulangers de la ville et des faubourgs pour s'assurer : 1° s'ils ont chez eux une quantité de pain suffisante; 2° si leurs pains sont du poids requis. Lorsque le poids est faux, ils confisquent le pain, l'envoient à la charité des pauvres, ou le font distribuer sur-le-champ aux pauvres; ils les font citer ensuite au tribunal du magistrat, où ils font rapport des contraventions de ces boulangers qui sont condamnés à une amende plus ou moins forte, suivant la gravité des cas où ils se trouvent.

Par rapport au prix du pain, c'est le magistrat qui le taxe lorsqu'il y a lieu, mais dans les temps ordinaires c'est le prix courant qui sert de règle à cet égard. Le prix commun est celui de la halle, qui est le principal marché.

Les boulangers en boutique ont la permission de vendre leur pain 6 deniers de plus par quatre livres pesant que les boulangers des marchés, en considération de ce que leur pain est façonné avec plus de soin, qu'il est plus délicat, qu'enfin ces boulangers établis dans la ville sont logés plus chèrement, qu'ils ont plus de frais, et qu'ils font moins de débit à proportion que les boulangers forains, quoiqu'ils vendent tous les jours et que les autres ne fassent de vente que deux fois par semaine.

Au surplus, le grand nombre et les différentes classes de boulangers opère qu'à l'envi les uns des autres ils lâchent la main le plus qu'ils peuvent sur le prix, afin de s'attirer le plus de pratiques et de gagner davantage par la quantité. Lorsque les boulangers vendent au-dessus de la taxe qui a été faite par le magistrat ou au-dessus du prix courant, ils sont condamnés à des amendes sur le rapport des commissaires à qui il en a été porté des plaintes et qui ont constaté leurs contraventions.

Les boulangers forains dans chaque marché sont principalement sous l'inspection du premier commissaire du quartier; c'est à lui qu'ils s'adressent pour avoir la permission d'occuper des places dans le marché pour y vendre leur pain; c'est lui qui la leur donne.

Ils ont chacun un numéro apposé à leurs places et qui est à la vue du public; ce numéro sert à les indiquer en cas que l'on ait quelque plainte à faire d'eux. Le commissaire qui a ce marché ayant leurs noms et leurs numéros enregistrés chez lui les mande à l'instant, entend les parties et décide sur-le-champ suivant l'exigence des cas.

Il en est de même par rapport aux boulangers qui ne vendent que chez eux. Tous les boulangers, sans exception, sont obligés de marquer leur pain des premières lettres de leurs noms et d'y imprimer le poids, afin qu'ils ne puissent pas méconnaître leur pain lorsque les particuliers qui l'ont acheté et qui ont à s'en plaindre le représentent au commissaire pour demander justice contre eux. Il est défendu aux boulangers qui vendent dans les marchés d'entreposer leur pain dans des maisons particulières, ni d'en remporter des marchés. Ils doivent vendre tout ce qu'ils en ont apporté, même au-dessous du prix, si on ne leur en offre pas ce qu'il vaut.

Beaucoup de pauvres gens attendent la fin du jour pour avoir ainsi du pain à meilleur marché. Le cas arrivant où les marchands ne trouvent point à le vendre, ils ne peuvent le garder pour un autre jour sans avoir la permission du commissaire.

### § 6. — *Commerce des bestiaux qui fournissent la viande de boucherie.*

Le commerce des bestiaux qui fournissent la viande de boucherie est établi suivant les mêmes principes du commerce des grains. Les bestiaux se vendent publiquement aux marchés destinés à ce commerce dans les provinces où l'on fait des élèves et engrais de ces bestiaux.

Il est défendu aux nourrisseurs de bestiaux d'en faire des entrepôts pour les vendre clandestinement chez eux ou ailleurs. Ce sont ces nourrisseurs ou des marchands forains qui les leur achètent dans ces marchés qui les amènent ou les envoient à Paris. Tous les bestiaux qui sont envoyés à Paris des provinces dont il s'agit doivent y être conduits directement et incessamment; ils ne peuvent être vendus sur la route; les propriétaires de ces bestiaux ne peuvent les tenir pendant leur marche dans les auberges ou étables pour différer leurs envois. Il y a des commis ou inspecteurs le long de ces routes, chargés d'examiner leur conduite à cet égard et faire saisir les bestiaux qu'ils trouvent ainsi entreposés dans la distance de 20 lieues de Paris.

La vente de ces bestiaux pour l'approvisionnement de Paris se fait dans deux marchés qui se tiennent chacun une fois par semaine à un jour différent; ils sont tous rassemblés à la fois; les bouchers de Paris s'y rendent, ainsi que ceux de la campagne, pour y faire leurs provisions, et conviennent de gré à gré du prix avec les marchands. Cependant, lorsque les bestiaux sont rares, ils sont partagés le plus également qu'il est possible, afin que chaque boucher puisse en avoir à proportion de son débit ordinaire.

Les marchands ne peuvent vendre leurs bestiaux que dans les marchés où ils les ont amenés; ils n'ont que trois jours consécutifs de marché pour faire cette vente. Si dans le troisième jour ils n'en trouvent pas le prix qu'ils en veulent avoir, ils ne peuvent plus les remmener; ils sont criés et adjugés au plus haut prix qui en est offert. Afin qu'ils ne puissent pas tromper à cet égard et se soustraire à la règle qui les oblige à représenter le deuxième et le troisième jour les bestiaux qui leur sont restés, le premier et le deuxième jour ils sont inspectés très-exactement à cet égard.

Il est nécessaire d'observer qu'il y a pour les deux marchés dont il s'agit une caisse établie sous l'autorité du gouvernement et l'inspection de M. le Lieutenant-général de police à laquelle chaque marchand de bestiaux reçoit sur-le-champ le paiement des ventes qu'il fait aux bouchers, en sorte qu'il n'a nullement affaire à cet égard aux bouchers et n'a aucun risque à courir. C'est la caisse qui s'arrange avec ces derniers auxquels elle fait le crédit dont ils ont besoin ou qui leur est accordé par le magistrat. Ces marchands paient à cette caisse un sol pour livre de tous les bestiaux qu'ils vendent dans ces deux marchés. Cet établissement d'une caisse a été fait pour encourager les marchands à amener de préférence et en plus grande quantité leurs bestiaux à Paris. Or chaque marchand qui arrive au marché est tenu d'abord de faire enregistrer au bureau de la caisse son nom, sa demeure, et le nombre de bestiaux qu'il a amenés. S'il ne trouve pas à les vendre le premier jour, il ne peut les faire sortir qu'après qu'il a été fait mention sur les registres de ce qui lui en reste, et du lieu où il doit se retirer, et déclaré où il compte mettre ses bestiaux en attendant le prochain jour de marché. Le deuxième jour arrivé, il doit les faire revenir au marché et en faire sa déclaration; s'il ne les vend pas encore, il le déclare et les ramène le troisième jour, où ils doivent être définitivement vendus. Pendant tout ce temps les commis ou inspecteurs préposés à cet effet visitent exactement les endroits où les bestiaux non vendus ont été mis en attendant la vente, au moyen de quoi ces marchands ne peuvent les soustraire ni les détourner pour les vendre ailleurs.

Ces précautions ont pour objet de maintenir l'abondance et d'empêcher les manœuvres que pourraient mettre en usage les marchands pour faire renchérir les bestiaux.

### § 7. — *Quels sont les moyens pour contenir les bouchers?* *(fin de la question 16°.)*

Au moyen de la vente publique des bestiaux, et de ce que la déclaration du prix en est faite à la caisse, le magistrat étant instruit de ce que la viande coûte aux bouchers, sait ce qu'ils doivent la vendre, et il leur est expressément défendu d'exiger davantage dans le débit que le prix auquel elle est taxée la livre par le magistrat. Ils seraient punis de la même manière que les autres débitants s'ils enfreignaient les ordres qui leur ont été donnés à cet égard. Quoique le prix des bestiaux ne soit pas toujours le même, la cherté ou le bon marché dépendant des saisons et de la quantité plus ou moins grande qui en vient à Paris, le public ne s'aperçoit point de cette variation; la taxe du prix de la viande dans le débit ne change point; elle est fixe pour toujours; elle est réglée de manière que les bouchers, quoiqu'ils y perdent quelquefois dans certaines saisons, peuvent s'indemniser de cette perte dans d'autres, de manière qu'il leur reste toujours un bénéfice réel et certain.

La connaissance exacte qu'a le magistrat du prix des bestiaux lui servant donc à établir et à maintenir la taxe de la viande de boucherie, il lui est beaucoup plus facile de contenir les bouchers que s'il en était autrement. Avant l'établissement de la caisse dont on vient de parler, ils allaient dans les provinces faire leurs achats; ils détournaient les marchands de venir à Paris, et quoiqu'ils achetassent souvent à bon compte, ils voulaient vendre la viande fort cher. Depuis cette caisse, ils ne vont plus acheter dans les provinces; ils ne peuvent non plus aller au-devant des bestiaux; cela leur est défendu. Les marchands ne peuvent les vendre en chemin, et quand ils en achèteraient directement sur les lieux, ils n'en seraient pas moins sujets à les amener au marché, où ils ne pourraient pas se dispenser de les partager avec leurs confrères au prix courant. Par toutes ces raisons, ils achètent tous aux marchés de Paris, où les marchands se rassemblent, et le magistrat étant exactement instruit du prix du commerce est le maître du prix de la viande, au lieu qu'autrement ce seraient eux qui pourraient l'être.

A l'égard des autres règles qui les concernent, voici les principales :

Ils sont obligés de tenir leurs étaux suffisamment garnis de viande tous les jours de boucherie, à peine de privation du droit de vendre. Ils ne doivent en exposer en vente que de bonne qualité, et qu'ils aient saignée eux-mêmes. Il leur est défendu, sous les peines les plus sévères, de débiter aucune viande de bestiaux morts de maladie. Ils sont obligés de nourrir avec soin les animaux qu'ils ont dans leurs étables, afin d'empêcher qu'ils ne deviennent malades.

### § 8. — *Règles relatives au commerce des autres objets de consommation commune.*

Ces objets consistent principalement dans le laitage, comme le beurre et le fromage frais, dans les graines, les légumes verts, les herbages et les fruits.

Il est prodigieux combien il se consomme de ces denrées à Paris. Elles paraissent sur les tables les plus délicates et font aussi la principale nourriture du peuple; elles méritent donc et attirent en effet toute l'attention du magistrat de la police. Ce genre de production, qui forme une branche immense du commerce, fait la richesse des environs de Paris, d'où ces denrées sont apportées tous les jours dans la capitale par ceux qui font ce commerce de la première main. Il y a des espèces de légumes qui, quoique très-communes aux environs de Paris, s'y consomment en telle quantité qu'il en vient de dix, vingt et trente lieues de distance. Toutes ces denrées sont amenées directement à Paris dans les places destinées à les recevoir, et ne peuvent être conduites ni déposées ailleurs. C'est là que tous les marchands de la campagne rassemblés les vendent aux débitants, qui les détaillent dans les autres marchés ou dans leurs boutiques. Toute cette masse énorme de denrées est enlevée en moins de 3 heures, les ordonnances ayant fixé celle à laquelle cette vente doit finir. Elles défendent expressément aux débitants d'aller au devant des gens de la campagne qui apportent ces denrées à Paris pour les leur acheter en chemin, ce qui fait que la totalité en étant réunie à la fois à Paris, et les gens qui les y conduisent étant pressés de les vendre, elles sont toujours à bon marché, surtout dans les saisons où elles donnent le plus, et sont aussi de la plus grande ressource pour la classe indigente du peuple dont les facultés ne peuvent atteindre au prix des autres vivres.

Le magistrat est également instruit du prix commun de ces denrées, et fait usage de tous les moyens qui peuvent en empêcher la rareté et la cherté. La saison d'hiver qui renferme les temps d'abstinence, étant la plus difficile à passer, le magistrat pourvoit d'avance à faire venir les graines et les légumes secs et le poisson salé qui font un très-grand objet de consommation dans cette saison. Les marchands pour cette partie de l'approvisionnement de Paris lui font leurs déclarations de la quantité qu'ils en doivent faire venir chacun, et le prix en est réglé. Si cette quantité ne se trouvait pas suffisante, le magistrat en ce cas aurait recours à d'autres marchands qui, moyennant le prix dont il conviendrait avec eux, suppléeraient par d'autres envois à ce qui serait nécessaire pour en établir l'abondance. Cet objet est si intéressant pour Paris que tous les ans le magistrat se transporte au Parlement un des jours de la semaine qui précède le carême avec le lieutenant criminel, le procureur du roi et les commissaires, et rend à cette cour souveraine un compte solennel et public de la quantité de ces provisions.

—

Deux observations essentielles termineront cet article, savoir :

La première, que les ordonnances de M. le lieutenant-général sont exécutoires dans tout le royaume pour ce qui concerne l'approvisionnement de Paris, au moyen de quoi tous ceux qui font un commerce quelconque relatif à cet objet sont à cet égard sous sa juridiction et sous sa discipline immédiate.

La deuxième que toutes les lois, tous les réglements directement émanés du souverain, touchant le commerce général des denrées de première consommation en France renferment toujours la réserve de l'exécution de toutes les règles qui peuvent et doivent avoir lieu en faveur de l'approvisionnement de Paris, en sorte que ces lois et ces réglements sont perpétuellement restreints et subordonnés dans leur observation à la nécessité de maintenir et d'assurer l'abondance dans cette grande ville.

FIN.

*Rédigé suivant les ordres de M. de Sartine*
*par Jean-Baptiste-Charles Le Maire, conseiller du roi,*
*commissaire au Châtelet de Paris.*

# TABLE DES MATIÈRES.

FIN.

Imprimerie Gouverneur, G. Daupeley à Nogent-le-Rotrou.

www.ingramcontent.com/pod-product-compliance
Ingram Content Group UK Ltd.
Pitfield, Milton Keynes, MK11 3LW, UK
UKHW031913260826
14628UKWH00003B/1159

9 782019 681777